KB097927

뒤죽박죽 머릿속이 한 번에 정리되는
기적의 생각 공식

뒤죽박죽 머릿속이 한 번에 정리되는

기적의
생각공식

가키우치 다카후미 지음 · **김슬기** 옮김

유노
북스

•

생각은
당신을 비범하게 만드는
가장 강력한 무기다

문제: 남자 학교에 다니는 한 고등학생이 있다. 이 남학생은 여자 친구들에게 인기가 없다. 그는 많은 여자아이와 친구가 되고 싶지만 여자아이들과 만날 기회도 없고 적극적으로 다가갈 용기도 없다. 어떻게 하면 이 남학생이 여자 친구들을 만들 수 있을까?

정답: 학교 행사의 연구 과제라는 명목으로 '여자 학교 연구회'를 설립한다. 그는 연구를 명분 삼아 길거리에서 여자 학생들에게

설문을 실시했다. 덕분에 부끄러워하지 않고 여학생들에게 말을 걸 수 있었고 여자아이들과 친구가 됐다.

사실 이것은 제 이야기입니다. 저는 남자 학교에 다닐 때 많은 여자아이와 친구가 되고 싶었습니다. 하지만 안타깝게도 저는 여자아이들이 관심을 보일 외모도 아니고, 먼저 적극적으로 다가갈 용기도 없었습니다. 저는 이 고민을 어떻게 해결하면 좋을지 진지하게 생각했습니다.

'길거리에서 여자아이들에게 말을 걸려면 명분이 있어야 하지 않을까?'
'어떤 이유가 있으면 내가 먼저 말을 걸 용기가 생길까?'

그렇게 생각해 낸 방법이 '여자 학교 연구회'를 설립하는 것이었습니다. 이 활동을 위해 인근 학교를 조사한다는 명분이 생긴 저는 주눅 들지 않고 여자아이들에게 말을 걸 수 있었습니다. 그 결과 여러 명의 여자아이와 친구가 될 수 있었습니다.
제가 놀랐던 점은 새 친구가 생겼다는 것보다도 스스로 생각해 낸 아이디어로 고민을 해결했다는 점입니다. 이 일화는 지금으로

부터 30년도 더 된 일이지만 또렷하게 기억하고 있습니다. 그 정도로 저에게 큰 영향을 준 사건이었습니다.

문제를 하나 더 내 보겠습니다. 정답을 보기 전에 1분 동안 생각해 보세요.

문제: 뉴욕에서 명란을 팔려고 한다. 그런데 뉴욕에는 생선알을 먹는 문화가 없다. 심지어 뉴욕 사람들은 이를 비위가 상하는 행동이라고 여긴다. 어떻게 하면 뉴욕에서 명란을 널리 알릴 수 있을까?

정답: '생선알'이라는 표현 대신 '하카타(명란의 고장으로 유명한 도시) 스파이시 캐비어'라는 이름으로 판다. 미국인은 프랑스 요리를 선망하는 경향이 있다.

이것은 뉴욕 맨해튼에 있는 하카타 식당의 실제 이야기입니다. 메뉴판에 명란을 '대구의 알'이라고 적었을 때는 손님들이 역겨워했지만 '하카타 스파이시 캐비어'라고 이름 붙이자 놀랍게도 크게 호평을 받는 메뉴가 됐다고 합니다.

기적의 생각 공식

작은 궁리 덕분에 결과가 완전히 달라졌습니다. 결과의 차이는 바로 '생각'의 차이에 달렸습니다.

당신의 생각에
상상 이상의 돌파력이 있다

제가 이 책에서 전달하고 싶은 메시지입니다. 생각의 힘은 재산, 지위, 입장에 관계없이 누구나 손에 넣을 수 있는 굉장한 무기입니다. 여기서 말하는 '생각'이란 의식의 흐름대로 떠올리는 게 아니라 '목적을 달성하기 위한 행위'입니다. 즉, 어려운 과제를 해결하고 싶을 때, 원하는 일을 이루고 싶을 때처럼 목표를 달성하기 위해 생각하는 것입니다. 이 책에서는 생각이 곧 인생의 무기가 되는 방법을 소개합니다.

'생각'에도 기술이 필요합니다.

무턱대고 생각하면 시간만 낭비될 뿐 원하는 정답에 다다를 수 없습니다. 하지만 안심해도 좋습니다. 이 책에서 소개하는 생각 공식은 아주 간단하고 효율적입니다. 다이어트에 비유하면 '허리에

감기만 해도 살이 빠지는 도구'처럼 누구나 쉽고 꾸준하게 따라 할 수 있습니다.

앞서 살펴본 두 가지 문제 모두 생각 공식을 활용해서 해결한 사례입니다. 첫 번째 문제는 '옮기기', 두 번째 문제는 '캐치프레이즈법'을 사용했습니다. 고등학생 때는 그것이 공식이 될 수 있다는 것조차 몰랐지만 지금 생각해 보면 저는 생각하는 기술을 연마하고 활용했던 것이죠.

'생각'에도 공식이 있습니다.

요리 레시피와 비교하면 이해하기 쉽습니다. 요리에 자신이 없다면 일단 레시피를 충실히 따라야 합니다. 제멋대로 순서나 재료를 바꾸면 대부분 실패하는 것처럼 생각도 공식을 잘 사용해야 원하는 결과를 얻을 수 있습니다.

'생각 공식'을 활용하면 뇌가 업그레이드됩니다.

당신의 뇌가 '1.0' 버전이었다면 생각의 공식을 익힌 뒤 '2.0'으로 진화합니다. 생각지도 못한 아이디어가 떠오르고, 해결되지 않아 골치를 앓던 문제도 시원하게 풀릴 것입니다. 그렇습니다. 생각하는 방법만 제대로 익혀도 달라지는 것들이 아주 많습니다.

새로운 가치가 탄생하는 조건은
따로 있다

"빵집에서 김밥을 팔아라."

이 문구의 의미는 뭘까요? 왜 빵집에서 김밥을 팔라는 걸까요? 그 이유는 바로 새로운 가치를 낳을 수 있기 때문입니다.

일본의 햄버거 체인점인 모스버거MOS BURGER가 1987년에 개발한 '라이스버거'는 발매 당시 획기적인 메뉴였습니다. 이 상품은 '주식인 쌀로 신제품을 만들 수 없을까'라는 생각에서 탄생했다고 합니다. 그 결과 라이스버거는 '햄버거 가게에서 만든 쌀 햄버거'로 당시 큰 화제를 모았고, 이후 일본의 맥도날드도 '밥버거'를 판매하며 큰 성공을 거뒀습니다.

저는 라이스버거를 좋아하는 사람으로서 늘 하던 생각이 있습니다. 바로 '빵집에서 밥이 들어간 상품을 팔면 좋을 텐데' 하는 생각입니다. 맥도날드에서 밥버거를 출시한 배경에는 '저녁 식사는 빵보다 밥으로 먹고 싶다'는 고객의 목소리에 있습니다.

이와 비슷하게 저는 '빵집에서 밥이 들어간 상품을 판매한다면 저녁 식사를 위해 사 먹는 사람도 생길 것이고, 평소에 빵을 잘 안 먹는 사람도 빵집의 고객으로 만들 수 있지 않을까' 하고 생각해 봤습니다. 김밥은 편의점이나 마트에서 쉽게 살 수 있지만 김밥 전문점은 그리 많지 않습니다. 그에 비하면 빵집은 주변에서 흔히 찾아볼 수 있죠.

대부분의 빵집은 맛있는 빵을 팔고 싶은 사람, 빵을 아주 좋아하는 사람이 운영합니다. 저도 이렇게 정성을 다하는 빵집에서 만드는 빵을 좋아합니다. 그렇기 때문에 더더욱 빵집에서 개발한 김밥이 기대됩니다. 빵집은 도전적으로 상품을 개발합니다. 어묵빵, 노자와나(일본 나가노현에서 자라는 갓류 채소)를 넣은 오야키(밀가루나 메밀가루 반죽을 얇게 편 다음 팥, 야채 등을 넣고 구운 음식), 그리고 김치메론빵까지 '이걸로 빵을 만들었다고?' 하며 놀랄 만한 레시피가 많습니다. 지금은 우리에게 친숙한 단팥빵도 처음에는 굉장히 혁신적이었다고 합니다.

이 발상력을 김밥에 적용하면 어떨까요? '빵집이 진심을 다해 만든 김밥'을 콘셉트로 내세우면 굉장히 매력적인 메뉴가 될 수 있습니다. '내가 좋아하는 빵집에서 과연 어떤 김밥을 만들었을까' 하는 흥미도 생깁니다.

'프렌치 셰프가 만드는 카레', '꼬치구이집 사장님이 만드는 인기

라멘' 등 기존의 가치나 매력을 다른 분야로 옮겨서 인기를 모은 사례는 사실 이미 많습니다. 이는 생각의 공식 중 하나인 '옮기기'를 이용해 남다른 가치를 창출한 것입니다.

와카야마(일본 혼슈 남서부, 기이반도 남서단에 있는 현) 사람이 생각하는 소프트아이스크림은 흰색이 아니라 녹색이라고 합니다. 차 제조사인 교쿠린엔은 차의 맛을 알리기 위해 녹차로 만든 소프트아이스크림을 개발했는데, 이것이 와카야마의 인기 상품이 되면서 '녹색 소프트아이스크림'이 주민들의 소울 푸드가 된 것입니다.

차 제조사의 강점을 살려 만든 소프트아이스크림이라는 새로운 가치가 탄생했습니다. 이렇게 생각 공식을 이용해서 새로운 가치를 만들어 낼 수 있습니다.

평범한 사람도 베스트셀러를 만들어 내는 '생각의 힘'

여기서 제 직업을 소개하겠습니다. 저는 편집자입니다. 편집자가 정확히 무슨 일을 하는지 잘 모르는 사람이 많습니다. 보통은

"인쇄를 하는 거야?", "글을 쓰는 거야?" 같은 말을 많이 듣는데, 간추려 설명하자면 편집자의 일은 크게 네 가지입니다.

1. 기획
2. 취재나 조사를 통해 정보 모으기
3. 콘텐츠로 만들어 가치 창출하기
4. 만든 콘텐츠를 많은 사람에게 전달하기

저는 주로 책을 만듭니다. 지금까지 수많은 책을 기획하고 팀원들과 함께 제작했으며 그중 많은 책이 베스트셀러가 됐습니다. 3만 부는 팔려야 베스트셀러라고 여기는 시대인데, 제가 기획한 책 중 50여 권이 10만 부 이상 팔리는 베스트셀러가 됐고 누계 판매량은 1,000만 부를 넘기는 성공을 거둘 수 있었습니다.

베스트셀러를 다수 간행해 나가는 동안 여러 사람에게 그 비결을 가르쳐 달라는 요청과 수많은 강연 제의도 받았습니다. 그러던 중 저의 노하우를 책으로 써 달라는 제안을 받고 이 책으로 여러분과 만날 수 있게 됐습니다.

저는 뛰어난 머리를 타고나지 않았습니다. 오히려 늘 스스로의

기적의 생각 공식

평범함에 난감함을 느끼며 살아왔습니다. 하지만 '목적을 이루기 위해' 생각하는 일은 굉장히 좋아합니다. 히트작을 만들거나, 새로운 아이디어를 내고 문제를 해결하는 것처럼 말이죠. 생각하기가 즐거울 수 있는 이유는 생각의 공식을 나름대로 몸에 익혔기 때문이라고 생각합니다.

생각의 공식을 익히면 좋은 점이 아주 많습니다. 일, 인간관계, 연애, 돈, 가족 등 모든 곳에 응용할 수 있기 때문입니다. 그리고 당신이 어려운 문제를 만났을 때, 그것을 극복할 수 있는 힘이 돼 주기도 합니다. 이를 부디 당신의 인생을 더 멋지게 만드는 무기로 활용하기 바랍니다.

그럼 시작해 봅시다.

이 책의 사용 설명서

- 꼭 여러 번 반복해서 읽어 주세요.

- 중요하다고 생각하는 곳에 밑줄을 긋고 자신의 생각을
여백에 적어 보며 책의 내용을 꼭 당신의 것으로 만드세요.

- 읽는 것으로 끝내지 말고 당신의 인생에 적용하세요.

- 당신만의 무기가 돼 줄 생각 공식을 만들어 보세요.

기적의 생각 공식

생각 공식으로
만들어지는 10가지 기적

- 아무리 어려운 문제에 부딪혀도 대책을 마련할 수 있다.
- 감정이나 정보에 휘둘리지 않고 냉정한 관점을 가질 수 있다.
- 일, 인간관계, 연애, 돈 때문에 생기는 불안이 사라진다.
- 쉽게 주눅 들지 않고 어떤 일도 긍정적으로 생각할 수 있다.
- 나 자신을 믿을 수 있게 된다.
- 자신의 가치를 발견하고 다른 사람을 인정할 수 있다.
- 싫어하는 사람에게도 장점을 발견할 정도로 통찰력이 생긴다.
- 연애 기회가 늘어난다.
- 업무 성과를 쉽게 낼 수 있고 일의 생산성이 오른다.
- 좋은 아이디어가 기적처럼 떠오른다.

• 목차

1장
기적을 맞이하기 위한
세 가지 준비

2장
놀라운 생각은
운이 아니고 기술이다

3장
"어떻게 다방면으로 생각할까?"
가능성을 늘리는 확장의 공식

4장
"평범한 생각도 특별해질까?" 본질적인 가치를 담는 깊이의 공식

5장
모든 아이디어는 노트에서 탄생한다

6장
인생이 기적처럼 변하는 작은 생각 습관

1장

기적을
맞이하기 위한
세 가지 준비

첫 번째,
"폭넓고 깊이 있는 생각이란?"

생각의 공식을 익히기 전에 '생각한다'는 것이 무엇인지 먼저 알아야 합니다. 생각은 '확장하고', '깊이를 더하는' 행위입니다. 이 두 가지는 매우 중요한 만큼 꼭 기억해 주시기 바랍니다. 국가의 인구 감소 문제를 논의할 때도, 지역의 재생 방안을 생각할 때도, 새로운 상품을 기획할 때도, 최고로 맛있는 카레란 무엇인지를 따져 볼 때도 마찬가지입니다. '확장'하고 '깊게' 생각해 나갑니다.

'확장하기'란 가능성을 생각해 나가는 것입니다. 지금까지 존재하지 않았던 것을 만들어 내거나 새로운 가치를 부여하는 과정이기도 합니다. '깊게 하기'란 본질적인 가치를 생각해 나가는 것이며 '존재 이유'를 떠올리는 과정이기도 합니다.

평범한 수첩이
'인생의 책'으로 재탄생하다

'확장하기'와 '깊게 하기'로 태어난 인기 상품이 있습니다. 바로 '호보니치 수첩(일본 웹 미디어 〈호보 일간 이토이 신문〉에서 발행한 수첩으로 하루 한 페이지를 마음껏 기록할 수 있다)'입니다. 수첩은 일찍부터 디지털화된 도구입니다. 그래서 종이 수첩을 사용하는 사람이 점점 줄어들고 있다고 생각하지만 호보니치 수첩이 나타나자 상황은 크게 바뀌었습니다. 일본은 현재 호보니치 수첩 덕분에 종이 수첩의 가치가 높아졌고 매년 종이 수첩 판매가 성황을 이루고 있습니다.

호보니치 수첩은 '확장하기'와 '깊게 하기' 모두를 실현한 상품입니다. 호보니치 수첩을 만든 이토이 시게사토 씨는 《죄송합니다, 호보니치의 경영》에서 처음에는 특별한 의도 없이 그저 '이런 게 있으면 좋겠다'는 생각으로 수첩 개발을 시작했다고 말했습니다.

수첩에 자신의 생각을 반복해서 적으면 이점이 굉장히 많다는 것을 알게 되고, 이를 실천해 나가면 수첩은 수첩 이상의 가치를 얻습니다. 수첩은 일정을 적는 곳이자, 일기를 적는 곳이자, 메모를 하는 곳입니다. 이토이 씨는 수첩을 이렇게 정의했습니다.

"수첩이란 결국 인생이 기록되는 곳이었습니다."

호보니치 수첩은 '인생의 책LIFE BOOK'이라고 불립니다. 그는 '수첩이란 무엇인가'를 깊게 생각하고 본질적인 가치를 발견한 것입니다. 수첩을 그저 일정을 적기 위한 도구로만 생각했다면 모든 종이 수첩은 디지털로 대체됐을지 모릅니다.

하지만 수첩의 본질적 가치를 '인생을 기록하는 것'으로 정의하자 자유롭게 생각을 적고, 뭔가를 붙이고, 그림을 그리는 등 사용법이 다양하게 확장되면서 종이 수첩만의 가치가 만들어졌습니다. 이것은 생각을 깊게 하는 행위입니다.

또한 호보니치 수첩을 다양하게 즐길 수 있도록 생각을 확장한 예시도 있습니다. 수첩의 표지를 유명 아티스트나 기업과 컬래버레이션해서 제작하거나 디자인을 다양하게 바꿀 수 있게 함으로써 사용자가 자신만의 수첩을 만들 수 있는 확장성을 제공하기도 합니다. 또한 호보니치 수첩을 사용하는 사람들의 후기를 널리 소개하거나 수첩을 주제로 한 이벤트를 개최하는 등 수첩의 가능성을 확장하기 위해 다양한 도전을 하고 있습니다.

어떤가요? '확장하기'와 '깊게 하기', 이 두 가지가 '생각'의 기본입니다. 우선 이 두 가지를 기억해 주세요. 생각을 확장하고 깊이를 더하는 구체적인 공식들은 3장과 4장에서 소개하겠습니다.

두 번째,
"머리와 마음의 생각은
완전히 다르다"

인간은 하루에 6만 번 생각한다는 설이 있습니다. 자는 시간을 제외하면 대략 1초에 한 번은 생각하고 있다는 이야기가 됩니다. 이를 좀 더 자세히 들여다보면, 매일 하는 6만 번의 사고는 '마음으로 생각하기'와 '머리로 생각하기'로 나뉩니다. 그리고 대부분은 '마음으로 생각하기'가 머릿속을 차지하고 있죠.

'마음으로 생각하기'와 '머리로 생각하기'의 차이를 설명할 수 있나요? 예를 들어 당신이 아주 많이 좋아하는 사람이 생겼을 때를 떠올려 봅시다.

'그 사람은 지금쯤 뭘 하고 있을까?'

'얼마 전 데이트를 했을 때 참 좋았는데.'

이렇게 머릿속이 온통 좋아하는 사람에 대한 생각으로 가득할 것입니다. 시도 때도 없이 그 사람을 생각하게 되죠. 다들 이런 경험이 있을 것입니다.

저도 늘 좋아하는 사람만 생각했던 적이 있습니다. 이때의 생각은 '마음으로 생각하기'로, 이 책에서 주제로 삼는 '생각하기'와는 조금 다릅니다. 영어로 말하자면 'think'가 아니라 'feel'이라고 할 수 있죠. 좋아하는 사람을 떠올리는 것처럼 '마음으로 생각하기feel'는 머릿속에 떠오르거나 느끼는 것입니다. 반면, '머리로 생각하기think'는 목적을 위해 의식적으로 사고하는 것입니다.

열심히 생각했는가, 자료만 조사했는가?

종종 '머리로 생각하기'와 '마음으로 생각하기'를 혼동하는 경우가 있습니다.

기적의 생각 공식

"열심히 생각해 봤는데 답을 전혀 모르겠어요."

이런 말을 하는 이유는 대부분 머리로 생각하지 않고 마음으로 생각했기 때문입니다. 머리를 쓰지 않으면 답은 쉽게 찾을 수 없습니다. 또한 '알려진' 것을 머리로 생각한다고 착각하는 경우도 있습니다. 본인은 "계획을 열심히 생각해 봤습니다"라고 말하지만 막상 자세히 들여다보면 조사한 것을 정리했을 뿐입니다.

물론 조사와 수집은 뭔가를 생각하기 위한 준비로써 매우 중요합니다. 정보가 없다는 건 생각의 토대가 되는 재료가 없다는 뜻이기 때문이죠. 그러나 조사는 어디까지나 답을 찾기 위한 '재료'를 얻는 행위입니다. 조사하기, 정리하기는 우리의 최종 목표가 아닙니다.

학창 시절을 떠올려 보면 노트 정리는 정말 잘하는데 성적은 조금 아쉬운 친구들이 있습니다. 이 친구들은 좋은 성적보다 노트 정리가 목적이 됐기 때문입니다. 우리도 이와 비슷한 행동을 할 때가 있습니다.

그러나 아무리 조사를 많이 해도 그곳에 답은 존재하지 않습니다. 조사로 얻을 수 있는 것은 재료나 힌트입니다. 의식적으로 생각하는 과정을 거치지 않고서는 당신이 골치를 앓고 있는 문제의 답을 도출할 수 없습니다.

'머리로 생각하기'와 '마음으로 생각하기'는 다릅니다. 또한 '머리로 생각하는 것'과 '이미 알고 있는 것'도 다릅니다. 이 점을 반드시 알아 둬야 합니다.

영화배우 이소룡의 명언 중에 "생각하지 말고 느껴라Don't think, feel"이라는 말이 있습니다. 하지만 이 책에서만큼은 이렇게 말하고 싶습니다.

"느끼지 말고 생각하라Don't feel, think."

세 번째,
"비논리적인 생각도 필요하다"

논리적인 사고만이 꼭 답을 찾는 생각 방식일까요? 생각하기에는 '논리적으로 생각하기'와 '비논리적으로 생각하기'가 있습니다. 예를 들어 구분해 보겠습니다. 집에서 가장 가까운 지하철역에서 집까지 가는 길을 생각해 봅시다. 집으로 가는 방법은 몇 가지가 있고, 어느 길을 고를지는 당신의 목적에 따라 달라집니다.

'가장 빨리 도착할 수 있는 길로 가고 싶다.'
'밤길이 어둡고 무서우니까 가능한 한 밝은 길로 가고 싶다.'

'운동이 부족하니까 조금 돌아서 가고 싶다.'

전부 목적에 따라 논리적으로 생각하며 집으로 가는 길을 선택하고 있습니다. 이는 즉 논리적으로 생각하고 있는 셈입니다. 반면 논리적 사고가 적합하지 않은 분야도 있습니다. 예를 들어 지금까지는 존재하지 않았던 완전히 새로운 상품을 세상에 선보이고 싶을 때 논리적으로 생각하면 벽에 부딪히는 경우가 있죠.

논리적 사고가 필요한 대표적인 경우를 예로 들면 시장의 동향이나 판매 실적, 경쟁사 조사 등의 방대한 데이터를 축적하고 그것을 기반으로 생각해 나가는 경우입니다. 이때 데이터는 증거로 활용되는데, 여기에 큰 폐해가 있습니다. 바로 '데이터가 없으면 결정할 수 없다'는 점입니다. 결국 데이터가 없으면 새로운 발상을 할 수 없게 됩니다. 어딘가에서 누군가가 이미 하고 있는 것을 재탕하고 또 재탕하면서 결국 독자성을 잃어버립니다. 혹시 당신의 회사에서 이런 일이 일어나고 있지는 않나요?

데이터는 어디까지나 과거의 정보입니다. 반면 '생각하기'는 미래를 향하고 있습니다. 지금까지 존재하지 않았던 것을 생각하거나 지금부터 사회가 어떻게 될지를 생각하는 일처럼 이때의 '생각하기'는 미래를 생각하는 행위입니다.

미래는 아무도 모릅니다. 따라서 논리적으로 생각해서는 쉽게 답을 찾을 수 없을 때가 있습니다. 이때 필요한 것이 바로 '비논리적으로 생각하기'입니다.

직감과 감각으로
대히트 상품을 발견하다

비논리적으로 생각해서 크게 성공을 거둔 상품이 있습니다. 바로 아이스크림 '가리가리군(일본의 유명 과일맛 빙과) 진한 옥수수수프 맛'입니다. 저는 이 제품이 나올 당시에 정말 깜짝 놀랐습니다. '옥수수수프 맛 아이스크림이라니, 무조건 맛없을 거야'가 제가 느낀 첫인상이었고, 저와 똑같이 생각한 사람도 많았습니다.

그런데 오히려 이상하고 새로운 조합이 호기심을 불러일으켰고 이 제품을 성공으로 이끌었습니다. 당시 이 상품의 마케팅 비용은 15만 엔에 불과했다고 합니다. 그런데 점차 SNS에서 입소문이 나면서 사람들에게 알려졌고, 실제로 총 5억 엔 이상의 광고 효과를 냈다고 합니다.

아이스크림과 옥수수수프의 조합은 데이터나 논리적 사고만으로는 좀처럼 할 수 없는 생각입니다. 이 상품을 만든 사람은 20대의 젊은 사원이었습니다. 그가 옥수수수프 맛 아이스크림을 만들게 된 계기는 한 소매업자의 엄격한 지적 덕분이었습니다.

"요즘 아이스크림 시리즈에 별로 힘을 안 주는 것 같네요. 안전하게 장사하려는 것 아닌가요?"

가리가리군 아이스크림의 제조사 아카기 유업은 '아이 같은 마음'이나 '모험심'을 중시하는 회사입니다. 그런데 점점 그런 요소들이 잘 느껴지지 않는다는 외부 의견을 진지하게 받아들인 것입니다. 이 말을 들은 사원은 초심으로 돌아가 새로운 상품을 기획하기 시작했다고 합니다.

그는 일본의 인기 과자 '우마이봉(봉 모양의 스낵) 옥수수수프 맛'을 보고 '옥수수수프와 아이스크림을 조합하면 괜찮지 않을까' 하는 생각이 떠올랐다고 합니다. 물론 신상품 출시를 결정하는 최종 회의에서는 '맛이 너무 새롭다' 등 부정적인 의견도 많았습니다. 보통은 그런 반대에 부딪히기 마련입니다. 하지만 사장이 "모두가 좋아하는 것은 대개 잘 팔리지 않는다. 실패해도 좋으니 하고 싶은 대로 해 보라"며 각오를 다지자 회의에 참석한 모두가 열린 마음으로 자유롭게 생각하기 시작했다고 합니다. 그렇게 사장이 결단을 내리고 상품화가 결정됐습니다.

진한 옥수수수프 맛 아이스크림은 '직감'과 '감각'으로 탄생했습니다. 이처럼 논리보다 비논리에 가까운 직감이나 감각적인 생각으로 시작하는 사고법은, 지금처럼 미래가 불투명한 시대를 살아갈 때 반드시 필요합니다.

'아이 같은 마음'을 무시하면 안 되는 이유

비논리적으로 생각할 때 제가 중시하는 것이 있습니다. 바로 '아이 같은 마음'입니다. 가리가리군 옥수수수프 맛도 아이처럼 장난스러운 마음이 없었다면 만들 수 없었을 것입니다. 사람은 '옳은' 것뿐만 아니라 '재미', '즐거움', '장난스러운 것'에 끌립니다. 누구든 재미있고 즐겁다고 느낄 때 더 행복하기 때문이죠.

하지만 진지한 일상이 반복되면 '장난스러운 마음'은 쉽게 잊기 마련입니다. 직장에서 '재미있다'는 말을 하면 "자네, 일이 장난인 줄 아나!" 하며 화를 내는 사람도 있습니다. 그렇지만 이런 태도는 옳지 않습니다.

아이의 학교 성적을 끌어올리고 싶다면 공부를 재미있게 만들어야 합니다. 다이어트에 성공하고 싶다면 즐기면서 살을 빼는 방법을 궁리해야 합니다.

'아이 같은 마음'을 더하는 것은 비논리적으로 생각할 때 중요한 포인트입니다. '논리'와 '비논리' 두 마리 토끼를 모두 잡으면 당신의 사고력은 한층 더 업그레이드될 것입니다.

인류의 오랜 숙제
'습관화'에
도전하다

생각의 기술을 습득해도 사용하지 않으면 아무런 의미가 없습니다. 그래서 생각하기를 습관화하는 것이 중요한데, 그 점을 잘 알고 있어도 습관화는 결코 쉬운 일이 아닙니다. 습관화는 인류의 오랜 숙제입니다. 우리는 다이어트를 하고 싶어도 살이 빠지는 습관을 들이지 못하고, 공부하고 싶어도 금세 게임이 하고 싶어지고, 집이 지저분해도 정리하는 습관을 들이지 못합니다. 누구나 마음처럼 쉽게 습관화할 수 없는 것이 있는 이유는 뭘까요?

습관화를 방해하는 '세 가지 강적'이 있습니다.

강적 1. 망각

첫 번째 적은 '망각'입니다. 어떤 정보를 머릿속에 넣었는데 그 정보를 활용하기도 전에 잊어버린 적 없나요? '망각'을 공략하는 법은 매우 단순합니다. '수첩이나 스마트폰에 메모하기', '기억하고 싶은 내용을 종이에 적어 눈에 잘 띄는 곳에 마구 붙이기', '자신이 잊어버렸을 때 가까운 사람에게 지적해 달라고 부탁하기' 등입니다.

참고로 저는 집 화장실 전등의 스위치를 끄는 것을 자주 깜빡해서 화장실 안과 밖에 '화장실 불 끄기'라고 적은 종이를 붙여 뒀습니다. 덕분에 깜빡하는 횟수가 줄었습니다. 어린아이가 된 기분이지만 꽤 효과가 좋습니다.

강적 2. 싫증

두 번째 적은 '싫증'입니다. '귀찮아지는 마음'이라고도 할 수 있습니다. 예를 들어 다이어트를 시작하면 첫 일주일간은 잘 지속되지만 금세 질려 버립니다. 한번 좌절하면 바로 다이어트를 종료하기도 하죠.

'아, 나는 왜 이렇게 못난 걸까. 왜 맨날 식욕을 이기지 못하고 먹게 되는 거야?'

기적의 생각 공식

이런 생각을 하다가 얼마 뒤 새로운 다이어트 방법을 찾고 같은 과정을 반복합니다. '싫증'이라는 강적에게는 이런 생각으로 맞서 싸워 보면 어떨까요?

'싫증이 나도 괜찮아. 다른 방법으로 도전하면 되는 거야.'

만약 일주일 만에 어떤 다이어트 방법에 싫증이 났다면 그다음 일주일은 다른 다이어트 방법으로 도전하고, 그다음 일주일은 다른 방법으로 도전합니다. 그렇게 방법을 바꿔 가며 다이어트를 지속하는 것입니다.

첫째 주에 식이요법을 했다면 둘째 주에는 운동에 주력하고, 셋째 주에는 멘탈 관리, 넷째 주에는 다시 식이요법으로 관리합니다. 그렇게 해서 싫증이 나지 않도록 계획을 바꿔 나갑니다. 방법만 달라질 뿐 다이어트는 지속하고 있기 때문에 조금씩 살이 빠질 것입니다. 이런 식으로 다이어트를 '습관'으로 만들 수 있습니다. 어떻습니까. 이런 방법이라면 가능할 것 같지 않나요?

강적 3. 노력

세 번째 적은 '노력'입니다. '어? 노력은 좋은 것 아닌가?'라고 생각할지 모르지만 과도한 노력은 좌절을 낳기도 합니다. 노력이란 의지의 힘에 기대는 것입니다. 처음에는 노력하고 애를 써서 의지의 힘으로 극복하려고 합니다. 하지만 의지의 힘에는 한계가 있다는 점 알고 계신가요? 의지는 무한하지 않기 때문에 많이 쓰면 고갈됩니다. 이것은 심리학으로도 증명된 사실입니다.

공부를 예로 들면 이해하기 쉽습니다. 시험 전날 밤을 새우면 공부를 많이 할 수는 있겠지만 그다음 날에도 그만큼 공부할 수 있는가 하면 그렇지 않을 것입니다. 이처럼 단기간이라면 노력에 의지해서 성과를 낼 수 있지만 중장기적으로 계속하기 위해서 과한 노력은 금물입니다.

그리고 덜 노력하는 요령이 필요합니다. 바로 '너무 열심히 하지 않기', '서두르지 않기', '즐길 수 있는 분위기 만들기'입니다. 공부를 할 때도 그날 공부할 양을 무리하지 않는 범위로 정합니다. 정해 둔 시간이 지나면 오늘 끝내야 할 양을 다 하지 못했더라도 멈추기, 다음 시험에서 성적을 급하게 올리려고 하지 않기, 좋아하는 부분부터 배워 나가기 등을 실천해 봅시다.

강적을 이기고 습관화에 성공하면 내 안에 '자동 시스템'을 도입한 것이나 마찬가지입니다. 목욕이나 양치질과 마찬가지로 생각하

는 기술도 일상에 적용할 수 있을 것입니다. 때론 너무 노력하지 말

고 그냥 해 보는 태도가 필요합니다.

2장

놀라운 생각은
운이 아니고
기술이다

새로운 가치가 탄생하는
관점의 마법

'동네 중국집'이라는 말이 있습니다. 이는 동네에서 오랫동안 값도 싸고 양도 많은 라멘, 만두, 볶음밥을 판매한 중화요리점을 말합니다. 평범한 중화요리점이 '동네 중국집'이라고 불리자 젊은 여성들 사이에서도 인기를 얻고 있습니다. 이전까지는 옛날부터 당연하다는 듯 그 자리에 있었고 크게 주목받을 일이 없던 곳이었으나 텔레비전과 SNS에서 '동네 중국집'이라는 이름으로 소개되자 굉장히 매력적인 가게로 변화해 사람들이 몰려든 것입니다. 가게는 달라진 것이 없습니다. 주변 사람들이 가치를 재발견하고 새로운 이름을 붙여 다른 사람들에게 전달했을 뿐입니다.

이렇게 대수롭지 않은 이유로 팔리지 않던 것이 갑자기 팔리기 시작하고, 평범했던 것이 갑자기 매력적으로 보이는 일이 종종 있습니다. 같은 것도 다른 관점에서 바라보면 갑자기 끌리거나 지금까지는 없었던 새로운 가치가 태어나기도 합니다.

노인과 주부에게
녹음기가 필요하다고?

일본 최대 홈 쇼핑 채널인 자파넷 다카타의 창업자 다카타 아키라 씨는 녹음기, 전자사전, 디지털 카메라 등을 대유행시킨 인재입니다. 그가 파는 상품들이 히트할 수 있었던 이유는 생각의 기술을 활용한 덕분입니다.

녹음기는 출판업계 사람들에게는 신령스러운 도구 중 하나로 취재할 때 늘 활용하는 전자 기기입니다. 하지만 일반 가정에서는 쓸 일이 많지 않습니다. 그런데 다카타 씨의 관점은 달랐습니다. 그는 녹음기의 새로운 가치를 만들고 소비자에게 전달했습니다.

"녹음기는 어르신들이나 주부들이 꼭 사용해야 합니다."

어르신들은 나이가 들면 건망증이 심해지는데 그럴 때 메모 대신 녹음기로 녹음해 두면 잊는 것을 방지할 수 있다며 새로운 활용법을 제안했습니다.

주부들은 일 때문에 집을 비운 사이 학교에서 돌아온 아이들을 위해 "엄마는 6시쯤에 돌아올 거야. 냉장고에 반찬이 있으니 챙겨 먹어"라고 목소리를 녹음할 수 있습니다. 그러면 아이들이 엄마의 목소리를 듣고 안심할 수 있다고 홍보합니다.

'취재 등을 위해 음성을 녹음하기 위한 기기'를 '건망증을 방지하기 위한 도구', '부모 자식 간의 커뮤니케이션을 위한 도구'로 확장하며 새로운 가치를 만들었습니다. 그 결과 녹음기는 수천 대가 팔리며 큰 성공을 거뒀다고 합니다.

이 사례는 새로운 상품을 개발한 것이 아니라, 상품의 매력을 전방위적으로 생각하고 기존의 가치를 다른 방향으로 옮겨 새로운 가치를 탄생시킨 것입니다.

3장과 4장에서 자세히 이야기하겠지만 이 사례에서는 생각 공식 중에서 '360도 분해법'과 '옮기기'가 사용됐습니다.

'360도 분해법'을 이용해 상품이나 서비스의 매력을 전방위에서 끄집어냈고, '옮기기'를 이용해서 고객을 다르게 설정해 새로운 매력을 만들었습니다.

다카타 씨는 이 아이디어로 상품을 크게 히트시켰습니다. 훌륭하게 가치를 재발견한 이 성공 사례를 저는 아주 좋아합니다.

'가치를 만드는 것'은 앞으로 다가올 시대의 키워드입니다. 가치를 낳는 무기로써 생각의 기술을 활용해 주세요.

감으로 일하는 사람 VS 기술로 일하는 사람

매출을 올리기 위해, 인간관계 고민을 해결하기 위해, 좋아하는 사람과 친해지기 위해, 돈을 더 많이 벌기 위해…. 생각의 기술은 어떤 상황에서도 활용할 수 있습니다. 그런데 생각의 기술을 자기 것으로 만드는 사람은 생각보다 적습니다.

이전에 어떤 프로젝트를 시작하면서 참여자 전원에게 '자기만의 생각법을 문서로 소개해 달라'고 부탁한 적이 있습니다. 그때 저는 사람들이 제출한 문서를 보고 깜짝 놀랐습니다. 구체적인 내용이 전혀 없었기 때문입니다. 일부러 숨기는 것처럼 보이지도 않았습니다. 즉, 누구도 언어로 표현할 수 있는 생각의 기술을 갖고 있지 않았습니다. 모두 감각에 의존해서 일해 왔던 것입니다.

생각을 못하는 사람은
요리도 못한다

이들은 왜 감으로만 일했을까요? 아무도 생각하는 방법을 가르쳐 주지 않았기 때문일지도 모릅니다. 책을 읽거나 강의를 들으면서 혼자 공부할 수도 있지만 실제로 원리와 법칙을 정리하며 공부하는 사람은 드뭅니다.

하지만 이런 상황은 오히려 기회입니다. 아직 뛰어든 사람이 별로 없는 블루 오션이기 때문이죠. 당신이 생각의 기술을 빨리 습득한다면 강력한 무기를 얻는 셈입니다.

생각의 기술이 없는 사람들의 경험담을 살펴봅니다.

플랜 A와 플랜 B 중 한쪽을 버리기 힘들 때

무작정 생각하는 사람

→ A 혹은 B 둘 중 하나를 선택한다.

생각의 기술이 있는 사람

→ A와 B를 모두 포함하는 플랜을 생각해 낸다.

상사에게 어려운 과제를 부탁받았을 때

무작정 생각하는 사람

→ 무턱대고 생각하기 시작한다.

생각의 기술이 있는 사람

→ 생각하기 전에 목적을 확인하고 취재 및 조사를 한다.

다소 극단적이지만 이 두 가지 예는 주변에서 흔히 볼 수 있는 사례입니다. 무턱대고 생각하기 시작하는 사람이 의외로 많습니다. 하지만 머릿속에 아무런 정보가 없다면 생각해도 답은 나오지 않습니다.

그러나 사람들은 갑자기 생각하고 단번에 답을 찾고 싶어 합니다. 생각을 잘 못하는 사람은 요리를 못하는 사람과 비슷합니다. 요리의 순서나 전체적인 흐름도 확인하지 않고 무작정 만들기 시작하기 때문입니다. 예를 들어 채소볶음을 만들어야 한다면 냉장고에 있는 채소들을 자르고 프라이팬에 기름을 두른 뒤 차례차례

볶아야 합니다. 요즘은 인터넷에 맛있는 채소볶음 레시피가 많습니다. 요리 초보자가 조금이라도 맛있는 음식을 만들고 싶다면 레시피를 잘 지키면서 요리해야 합니다. 하지만 레시피를 제대로 보지 않는다면 아무리 시간을 들여도 실패할 확률이 크겠죠.

명문대 학생은
생각의 기술을 공부에 적용한다

예전에 한 도쿄대 졸업생을 취재하면서 '도쿄대생 중에는 지나치게 열심히 공부하는 사람이 의외로 많지 않다'는 이야기를 듣게 됐습니다. 그렇다면 명문대에 입학한 사람들은 태어날 때부터 머리가 좋았던 걸까요?

흔히 말하는 '머리가 좋은 사람'은 선천적으로 타고났다는 말을 듣는 사람입니다. 선천적으로 머리가 좋은 사람에게는 어려움을 뚫고 목적을 이루는 힘이 있습니다. 이들은 고찰력, 판단력 등이 뛰어나고 소통 능력이 좋습니다.

하지만 취재를 진행하면서 놀라운 점을 알게 됐습니다. 도쿄대 출신의 대부분이 공부를 시작하기 전에 공부하는 방법을 먼저 배웠다는 점입니다. 이들은 어떻게 공부해야 효율적인 결과가 나올지를 생각했습니다. 예를 들어 '수학은 먼저 답을 보고 해법을 배워 나가라'는 아주 유명한 공부법처럼 자신만의 공부 공식을 만든 것입니다.

당신은 이런 이야기도 자주 들었을 것입니다.

"A로 시작하는 영어 단어는 많이 알지만 S나 T로 시작하는 단어는 잘 모릅니다. A부터 외우다가 중간에 관두기 때문이죠."

"역사는 앞부분만 공부해서 중간부터는 전혀 몰라요."

솔직히 털어놓자면 저도 그랬습니다. 저와 같은 평범한 학생은 처음부터 순서대로 공부하다가 도중에 포기합니다. 반면, 도쿄대생은 효율적이고, 쓸데없는 짓을 하지 않습니다. 이런 시간들이 쌓여서 명문대에 진학할 수 있는 역량의 차이가 만들어진 것입니다.

공부의 기술은 생각의 기술과 똑같습니다. 목적을 설정하고, 그 목적을 효율적으로 달성하기 위한 기술을 익히고, 실천해 나가는 일입니다. 익힌 기술을 내 것으로 만들기만 하면 원하는 것을 모두

얼을 수 있습니다.

생각을 방해하는
생각을 없애라

생각하는 행위가 중요하다는 사실은 누구나 알지만 생각하는 것은 귀찮은 일입니다. 나도 모르게 '머리'가 아닌 '마음'이 흘러가는 대로 생각할 때도 많고, 해결해야 할 문제의 주변만 빙글빙글 돌 뿐 전혀 진척이 없을 때도 있습니다. 다들 그런 경험이 있을 것입니다. 그렇습니다. 생각을 방해하는 요소는 아주 많습니다.

사람들은 보통 이런 이유로 생각하기 어렵다고 말합니다.

"집중력이 짧아서 금세 다른 생각을 해요."

"좋은 방법을 어떻게 생각하는지 모르겠어요."

"주위 사람을 신경 쓰다가 사고 정지 상태가 돼요."

"정보가 부족해서 어디부터 생각해야 좋을지 모르겠어요."

"과거의 경험이 더 이상 통하지 않는다는 것을 깨닫지 못해요."

"더 생각하지 않고 단정 지어요. 저도 모르게 선입견에 따라 결정해 버려요."

생각은 귀찮고 피곤한 일입니다. 애초에 인간의 뇌는 가능한 한 생각하지 않고 살아갈 수 있게 만들어져 있기 때문입니다. 마음으로 하는 생각은 자연스럽게 일어나지만 머리로 하는 생각은 의식하지 않으면 제대로 이뤄지지 않습니다. 하지만 아무리 의식하려고 해도 생각을 방해하는 요소가 너무 많습니다.

이 문제는 생각의 기술을 익히면 충분히 해결할 수 있습니다. 예를 들어 집중력이 지속되지 않는 문제는 노트를 활용해서 해결할 수 있습니다. 머릿속으로만 생각할 때보다 집중력이 훨씬 높아질 것입니다. 이는 5장에서 자세히 설명하겠습니다.

'생각하는 방법을 모르겠어요', '다른 사람의 마음을 잘 모르겠어요', '과거의 경험을 과신해요', '선입견이 자꾸 고개를 들어요'와 같은 고민은 이 책 전체에서 다루고 있기 때문에 반복해서 읽으면 해결할 수 있습니다.

중요한 것은 매일 반복해서 익히는 것입니다. 아주 작은 것이라도 일주일, 한 달, 일 년 동안 반복해 나가면 결과는 분명히 달라집니다. 그러다 보면 자신도 모르는 사이 생각의 기술이 몸에 익어 행동이 달라지고 뇌도 변화합니다. 그렇게 되면 그 영향력이 주변으로 퍼져 나가 다른 사람의 사고방식이나 행동까지 달라집니다. '다른 사람을 바꾸고 싶으면 내가 먼저 달라져야 한다'는 말 역시 이런 원리입니다.

생각의 기술로
인생을 즐겁게 만들자

"요즘 왠지 지루해. 일을 해도 가슴 뛰는 설렘도 없고."

어느 날 친구가 이런 고민을 털어놨습니다. 친구의 이야기를 자세히 들어 보니 이랬습니다.

"일은 잘 돼 가는데 오랫동안 같은 일을 해서 그런지 싫증이 나기 시작했어. 그렇다고 지금 내가 뭘 하고 싶은지도 잘 모르겠으니까 그냥저냥 일하면서 지내고 있어. 이 상황을 어떻게 극복해야 할까?"

누구보다 유능한 친구에게 이런 고민이 있었다니 너무나 안타까웠습니다. 친구가 겪는 문제의 원인은 '사고 습관'에 있었습니다. 인간의 뇌는 습관화된 방향, 익숙한 방향으로 생각하도록 만들어졌기 때문입니다.

긍정적인 사람의
사고 습관

인생은 단 한 번뿐입니다. 지루하게 보내기에는 시간이 아깝습니다. 이왕이면 즐겁고 행복한 인생을 살고 싶지 않나요? 그렇지만 마음처럼 잘 되진 않는 법이죠. 행복의 가장 큰 방해 요인은 뭘까요? 환경? 능력? 의지? 최대의 원인은 '사고 버릇'입니다. 이를테면 이런 생각입니다.

'나에게는 책임져야 할 소중한 가족이 있으니까 내가 좋아하는 일을 할 수 없어.'

이런 생각은 사람들이 자신의 뜻대로 행동할 수 없는 이유를 꼽

았을 때 상위에 자주 등장합니다. 그런데 정말로 그럴까요? 이런 생각은 생각의 기술이 없는 사람들이 자주 하는 '양자택일 사고'입니다.

양자택일 사고를 하는 사람

'가족이 있다 → 가족을 부양해야 한다 → 싫어하는 일이라도 그만두지 말고 계속한다'

'좋아하는 일을 하며 돈을 버는 사람은 특별한 사람이다 → 나에게는 그런 능력이 없다 → 나는 그렇게 살 수 없다'

분명 이런 생각의 흐름이 머릿속에서 일어나고 있을 것입니다. 하지만 생각의 기술을 익히면 사고가 다른 방식으로 흘러갈 수도 있습니다.

양자택일 사고에서 벗어난 사람

'가족이 있다 → 가족에게는 즐겁게 살아가는 모습을 보여 주고 싶다 → 내가 즐거워야 가족도 기뻐한다'

'좋아하는 일을 하며 돈을 버는 사람은 행복한 사람이다 → 나도 행복한 사람이 되고 싶다 → 어떻게 좋아하는 일을 하며 돈을 벌 수

있을지 생각해 보자'

그다음에는 좋아하는 일을 하며 돈을 벌 수 있는 방법을 궁리할 때 생각의 기술을 이용합니다. 방법을 찾았다면 이제 행동하기만 하면 됩니다.

당신의 생각이 쌓여 곧 인생이 된다

• 인생=생각+행동

인생은 이 등식처럼 무서울 정도로 간단하게 이뤄져 있습니다. '무엇을 생각해서 어떻게 행동할 것인가?' 이 고민의 결과가 당신의 미래와 인생을 만듭니다.

10분이라는 시간이 주어졌을 때 느긋하게 심심함을 달래 주는 영상을 볼지, 사회를 위해 내가 할 수 있는 일을 생각해 볼지에 따라 당신의 인생은 크게 달라집니다. 사소해 보여도 이런 작은 생각과 행동이 쌓여서 당신의 미래가 되기 때문입니다.

비만이 되는 것도 생각과 행동이 축적된 결과입니다. '닭튀김이 먹고 싶다'는 생각이 '닭튀김을 먹으러 간다'는 행동으로 이어지고, 이를 매일 반복하면 머지않아 비만이 되는 것입니다.

사고와 행동은 미래뿐만 아니라 '성격'도 만듭니다. 저는 지금까지 마쓰오카 슈조 씨의 책을 네 권 담당했습니다. 마쓰오카 씨는 일본의 전 프로 테니스 선수로 지금은 일본에서 '가장 뜨거운 남자'로 불립니다. 그의 열정과 긍정적인 성격은 날씨까지 좌지우지한다고 여길 정도죠.

그런데 저서 《마쓰오카 슈조의 인생을 강하게 살아가는 83가지 말》에 따르면 그는 원래 소극적이었다고 합니다. 타고난 줄로만 알았던 그의 열정과 긍정적인 성격은 그가 살면서 해 온 긍정적인 생각들이 쌓여서 만들어진 것입니다.

앞으로 인생을 어떻게 살아가고 싶은지, 미래에 어떤 사람이 되고 싶은지, 또 그것을 실현하는지의 여부는 당신의 '생각'에 달려 있습니다. 다시 말해서 생각이 가장 중요합니다. 당연하게 들리지만 굉장히 중요한 말입니다.

기적의 생각 공식

'생각하기 전에 행동해라'라는 말은 쉽지만 실천은 매우 어렵습니다. 역시 가장 먼저 생각부터 바꿔야 합니다.

아이디어는 떠오르는 것이 아니라 만드는 것

저는 원래 창의적인 감각이 뛰어나거나 남들보다 특별한 능력을 가진 사람이 아닙니다. 말하자면 오히려 평범한 사람이라고 할 수 있습니다. 그런 제가 지금까지 수많은 베스트셀러를 만들어 내고 총 1,000만 부가 넘는 판매 기록을 세울 수 있었던 건 전부 생각의 기술을 갈고닦은 덕분입니다.

저는 선천적인 센스나 능력이 뛰어나지 않은 사람도 쉽게 활용할 수 있는 사고법을 늘 고민해 왔습니다. 도서 편집 노하우는 회사보다는 편집자 개인이 갖고 있는 경우가 대부분입니다. 그래서 훌륭한 노하우를 가진 편집자는 계속해서 잘 팔리는 책을 만들어 낼 수 있고, 그렇지 않은 편집자는 좀처럼 베스트셀러를 만들어 내지 못했습니다. 즉, 편집자가 회사를 그만두면 그 사람의 노하우도 함께 떠나는 것입니다.

저는 여기서 의문을 느꼈습니다. 결국 좋은 노하우를 가진 편집자가 그만두면 그 회사는 발전하지 못하는 것입니다. 저는 이 문제를 해결하기 위해 '노하우가 회사에 남는 구조'를 만드는 데 주력했습니다.

'경험치가 부족한 편집자도 많은 사람의 선택을 받는 책을 만들게 하려면 어떻게 해야 할까?'

이런 고민을 한 결과, 그 해결책은 바로 각자의 노하우를 언어화하고 생각의 기술을 공유하는 것이었습니다.

예를 들어 책 제목을 생각할 땐 '결합법', '360도 분해법', '정체 찾기'가 유용하다는 공식을 만들고 팀원들과 공유합니다. 그 결과 저는 지속적으로 베스트셀러를 만들어 내는 팀을 꾸릴 수 있게 됐습니다.

아이디어를 만드는
세 가지 원칙

'아이디어맨'이라는 말이 있습니다. 창의력이 풍부해서 다른 사람이 생각하지 못한 것을 생각해 내는 사람을 말합니다. 그런데 사람들은 종종 이런 오해를 합니다.

"아이디어는 특별한 능력을 가져야 만들 수 있을 거야."

그러나 이는 오해입니다. 새로운 생각을 떠올리는 것은 특별한 능력이 아닙니다. 아이디어는 방법만 알면 누구나 떠올릴 수 있습니다. 다만 지금까지 그 방법이 제대로 알려지지 않았을 뿐이라고 생각합니다.

생각의 기술로 아이디어를 만들기 위해서는 먼저 중요한 세 가지 원칙을 알아야 합니다.

원칙1. 목표를 정한다.
원칙2. 인풋해서 현재 상황을 정리한다.
원칙3. 생각하기=생각 확장하기+생각 깊게 하기

이 원칙을 따라 생각해 나가면 문제없습니다. 어려운 것은 아무 것도 없습니다. 그럼 지금부터 하나씩 살펴보겠습니다.

원칙1.
목표를 정한다

우리는 때때로 생각의 미로에서 헤맬 때가 있습니다. 그 이유는 목적지가 분명하지 않기 때문 아닐까요? 무엇을 생각하든 우선 '목표'를 설정해야 합니다. 고민의 대부분은 목표를 모르기 때문에 생깁니다. 고민하는 시간은 무조건 아까운 시간입니다. 하루는 누구에게나 똑같이 24시간이지만 그 질은 사람마다 완전히 다릅니다. 하루의 밀도가 16시간인 사람이 있는가 하면 25시간, 30시간인 사람도 있습니다.

그 차이를 낳는 원인 중 하나가 바로 '고민'입니다. 고민하는 시간

기적의 생각 공식

은 당신의 인생을 잠식해 나갑니다. 고민할 땐 머릿속이 불안한 감정에 지배당해 답답한 상태가 됩니다. 고민하는 사람의 머릿속이 개운한 경우는 없을 것입니다.

이 답답한 마음은 마치 자동차를 타고 뿌연 안개 속을 달리는 것처럼 나아가야 할 방향이 보이지 않는 상태입니다. 이때 고민을 해결하기 위한 목표를 설정하기만 해도 안개는 서서히 걷힙니다.

예를 들어 'A 씨가 나를 미워하는 게 아닐까?'라는 고민을 안고 있다고 합시다. 목표를 'A 씨에게 미움받지 않기'로 할지 'A 씨와 거리 두기'로 할지에 따라 대책은 완전히 달라집니다. 목표를 정확히 설정하면 고민의 절반은 해결한 셈이나 다름없습니다.

돈에 대한 불안은
저금만 하면 사라질까?

도서 편집자는 다양한 분야의 전문가를 만납니다. 다음은 돈 전문가에게 들은 이야기입니다.

"돈 때문에 불안감을 느끼는 사람이 굉장히 많습니다. 미래에 관한 불안이죠. 그런데 그 불안을 없애기 위해 어떤 노력을 하고 있는가 하면 저금밖에 안 하고 있습니다. 이 초저금리 시대에 말이죠. 저금이 나쁜 것은 아니지만 저금만으로 돈 문제를 해결할 수 없는데 그것밖에 안 하는 사람이 많아요. 해결책을 못 찾고 가만히 있는 것이죠."

예를 들어 '노후 자금으로 2,000만 엔이 필요하다'는 뉴스를 보고 미래가 불안해서 매달 3만 엔을 저금하는 43세 남성이 있습니다. 저금으로 모을 수 있는 돈은 1년에 36만 엔입니다. 70세까지 일하고 금리가 거의 0%라고 가정하면 지금부터 27년간 모을 수 있는 돈은 972만 엔입니다. 자명하게도 목적을 달성할 수 없습니다. 심지어 퇴직금이나 상속을 받지 못한다면 매달 저금해야 할 돈은 그 두 배인 6만 엔입니다.

사고를 해야 하는 상황에서도 이와 똑같은 실수가 자주 일어납니다. 회사에서 회의를 할 때 서로 의견이 달라 감정적인 충돌이 일어나는 장면을 본 적 없나요? 목표를 잊고 '화가 나!', '부정당했어!' 하며 감정적으로 논쟁하는 경우가 대부분입니다. 결국 논의 자체를 잊어버리기도 합니다.

하지만 회의 참석자들이 목표를 우선 설정하고 공유한다면 싸움을 방불케 하는 논의 대신 목표를 향한 긍정적인 논의를 할 수 있습니다. 일하면서 생기는 갈등 대부분이 목표를 설정하지 않았기 때문에 일어납니다.

수단을
목적화하지 않는다

'상식'도 주의를 기울여야 할 요소입니다. '상식'은 사고 정지를 일으키기 쉽기 때문에 의심하지 않으면 목표와 과정이 바뀌어 '수단의 목적화'가 일어날 때도 종종 있습니다.

교육 개혁으로 유명해진 지요다구 리쓰코지마치 중학교의 전 교장 쿠도 유이치 씨는 교육 현장에 횡행하는 '수단의 목적화'를 중지하고 학교 개혁을 일으키고 있습니다. 그의 저서 《학교의 당연함을 그만두었다》에 따르면 숙제와 중간·기말시험, 고정 담임제 등을 없앴다고 합니다.

이 놀라운 생각의 토대는 '애초에 학교는 무엇을 위해 존재하는

가?라는 질문이었다고 합니다. 거기부터 생각을 시작하자 수단이 어야 할 숙제나 시험이 목적이 된 점, 학교의 존재 목적인 '아이들이 사회에서 더 잘 살 수 있도록 교육하는 것'이 잊혔다는 점이 현재 학교의 최대 과제임을 깨달은 것입니다.

이것은 특별히 학교에 한정된 이야기가 아닙니다. 평소 회사나 가정, 일상생활에서 일어나는 일이고 뭔가를 생각할 때 빈번하게 일어나는 문제이기도 합니다. '목표를 정한다'는 것은 곧 '처음부터 시작한다'는 뜻입니다. 그럼 미로에서 헤매지 않고 생각해 나갈 수 있게 됩니다. 길을 헤매고 있다면 목표, 즉 처음으로 돌아가세요.

원칙2.
현재 상황을 정리한다

'생각하기'는 머리를 억지로 쥐어 짜내는 것이 아니라 현재 상황을 정리하는 것부터 시작합니다. 현재 상황을 정리할 때 필요한 것은 다음의 세 가지 과정입니다. 지금부터 한 가지씩 자세히 살펴보겠습니다.

1. 과제를 정한다.
2. 필요한 정보를 모은다.
3. 정보를 정리한다.

첫 번째,
과제를 정한다

우선 '과제 설정하기'입니다. 목표에 가까워지는 과제가 무엇인지 정합니다. 예를 들어 목표가 'A 씨와 데이트하기'라면 과제는 '그녀가 나에게 관심이 없다'입니다. 다음은 또 다른 예시입니다.

목표: 히트할 신상품 개발.

과제: 히트 상품을 만드는 법을 모른다.

목표: 연간 100만 엔을 저금하고 싶다.

과제: 매달 5만 엔만큼 저금을 늘릴 필요가 있다.

두 번째,
필요한 정보를 모은다

다음으로 필요한 정보를 모아야 합니다. 중요한 점은 과제를 해결해서 목표를 향해 나아가기 위한 정보를 모아야 한다는 것입니다.

기적의 생각 공식

닥치는 대로 모으는 게 아니라 목표가 명확한 수집이 필요합니다.

목표가 명확하면 '컬러 배스 효과color bath effect'가 나타납니다. 인간의 뇌는 의식하고 있는 정보가 자연스럽게 눈에 들어오는 능력을 가지고 있습니다. 재미있게도 의식하지 않을 때에는 시야에 들어와도 알아채지 못했던 정보가 의식하자마자 눈에 들어옵니다. 뇌가 자신에게 중요도를 판단해 주는 것입니다.

다만, 이 과정에 시간을 너무 많이 들이지 않는 게 좋습니다. 정보 수집을 예로 들어 볼까요? 정말로 중요한 정보는 인터넷에서 검색해도 나오지 않는 경우가 대부분입니다. 그렇지만 정보를 모을 땐 정보원이 중요하다고 합니다.

저는 특히 생각하기 위해 필요한 정보는 시간을 너무 많이 들이지 않기 위해 우선 책과 인터넷에서 얻습니다. 그래서 저는 새로운 것을 생각할 때 그 주제와 관련된 책을 5권 정도 읽고 인터넷에서 정보를 10가지 정도 수집합니다.

책의 장점은 전문가의 지견을 쉽게 얻을 수 있다는 점입니다. 책을 고를 때에는 우선 서점에 가서 찾고 있는 주제와 관련된 책을 훑어봅니다. 내가 원하는 정보가 담겨 있는지 그렇지 않은지는 내용을 읽어 보지 않으면 알 수 없습니다. 일단 직접 내용을 훑어보고 필요한 책을 찾습니다. 단, 서점은 오래된 책을 보유하고 있지 않은 경우도 있기 때문에 부족한 부분은 아마존이나 온라인 중고 서점 등을 이용합니다.

온라인상에서는 과제 해결의 힌트가 되는 정보를 10가지 모아서 확장을 꾀할 수 있습니다. 예를 들어 좋아하는 사람과의 데이트를 계획한다고 가정합시다. 인터넷에서 검색하면 수많은 데이트 계획을 찾을 수 있습니다. 이때 전형적인 데이트, 서프라이즈 데이트, 피해야 할 데이트, 기발한 데이트 등 다양한 정보를 얻어 나갑니다. 인터넷 정보를 10가지만 모아도 데이트의 전체 상을 파악할 수 있습니다.

저는 사례를 모을 때도 인터넷을 활용합니다. 사례는 생각할 때 힌트가 되는 것들이 집약돼 있습니다. 예를 들어 지금까지 도전한 적 없는 분야의 책을 출판하려고 한다면 이런 고민을 합니다.

'어떻게 만들어야 많은 사람에게 책의 존재를 알릴 수 있을까?'

이 문제의 답을 생각하기 위해 내가 모르는 전달 방식은 없는지 그 사례를 모읍니다. 물론 잘못된 정보는 반드시 분별해야 합니다.

이처럼 책과 인터넷에서 정보를 수집하면 시간을 단축할 수 있습니다.

정보의 질을 높이는 데 너무 많은 시간을 들이면 정보 수집이 목적이 되고 맙니다. 목적은 따로 있습니다. 예를 들어 맛있는 요리를 만들 때 이곳저곳을 돌아다니며 재료를 사는 데 시간을 들이기보다는, 가까운 슈퍼마켓에서 살 수 있는 재료로 어떻게 맛있는 요리를 만들 수 있을지 생각하는 게 우선입니다.

재료가 꼭 100퍼센트가 아니라 60퍼센트 정도만 준비됐다면 일단 진행합니다. 정보를 모으는 데 너무 많은 시간을 쓰지 않도록 합시다.

세 번째,
정보를 정리한다

다음으로 모은 정보를 정리합니다. 이때 핵심은 두 가지입니다.

인간의 마음에 있는 보편성, 본성을 생각하기

'귀찮은 건 딱 질색, 편한 게 좋아.'

'재미있는 게 좋아. 지루한 건 싫어.'

'다들 좋다고 하는 것이 좋아.'

'미래가 불안해.'

'늘 건강하고 싶어.'

이처럼 많은 사람이 공통적으로 생각하는 인간의 본성을 생각해 봅시다. 겉으로 드러난 것이 아니라 숨어 있는 것을 발견해야 합니다. 그렇게 하면 정보의 진위나 본질을 잘못 파악하는 일은 없을 것입니다.

수집한 정보를 의심하기

저는 제 일에 관해 종종 이런 말을 합니다.

"편집자에게는 이기적이고 악한 시점이 필요하다."

좋은 사람이 되면 모든 것이 좋게 보입니다. '뭐든지 OK!', '좋은 생각이야!' 하는 태도로 일관하게 됩니다. 그러다보면 잠깐 멈춰서 생각할 필요가 있는 것도 무심하게 넘겨 버릴 가능성이 있습니다.

그래서 '의심하기', '믿지 않기', '딴지 걸기'부터 시작하는 것입니다. 이에 관한 내용은 6장에 자세하게 적어 뒀으니 참고해 주기 바랍니다.

원칙3.
폭넓게 생각하고 깊이를 더한다

'생각하기'에는 두 가지 요소가 있습니다. '생각 확장하기'와 '생각 깊게 하기'입니다. 다음 장에서는 구체적으로 생각을 확장하고 깊이를 더하는 공식들을 소개하겠습니다.

가능성을 늘리는 확장의 공식 6가지

- 결합법: 스티브 잡스가 사용한 새로운 아이디어를 떠올리는 방법
- 구슬 꿰기 연상법: 이미 존재하는 것에서 새로운 매력이나 가

치를 발견하는 방법

- 옮기기: 꽉 막힌 과제를 해결하기 위한 방법
- 양자택일에서 벗어나기: 선택을 망설일 때 유용한 방법
- 한데 모으기: 작은 것을 큰 가치로 변환할 수 있는 방법
- 있으면 좋을 텐데: 생각이나 꿈을 실현하는 방법

본질적인 가치를 담는 깊이의 공식 6가지

- 360도 분해법: 장점이나 강점을 찾을 수 있는 방법
- 긍정적인 가치화: 약점을 강점으로, 단점을 장점으로 바꾸는 방법
- 나의 것, 당신의 것, 사회의 것: 설득력을 확 끌어올리는 방법
- 주사위 놀이법: 목적지까지의 최단 거리를 찾는 방법
- 정체 찾기: 다른 사람의 마음속에 있는 보이지 않는 심리를 발견하는 방법
- 캐치프레이즈법: 많은 사람에게 매력을 알리는 방법

이 방법들은 하나씩 사용할 수도 있지만 몇 가지 방법을 조합해서 사용하면 사고의 폭이 한층 넓어집니다.

예를 들어 새로운 책을 기획할 때 저는 우선 '있으면 좋을 텐데'라

는 방법으로 생각하기 시작합니다. 다음으로 '결합법'이나 '구슬 꿰기 연상법', '옮기기'를 사용해 기획의 내용을 구체적으로 생각해 나갑니다. 기획의 토대가 잡히면 '주사위 놀이법'이나 '나의 것, 당신의 것, 사회의 것' 등을 사용해 기획에 의미를 부여해 나갑니다.

기획한 상품을 홍보할 때는 '360도 분해법'으로 전체를 이해하고, '긍정적인 가치화'로 강점을 만들고, '캐치프레이즈법', '결합법', '옮기기' 등을 이용해 홍보 방법을 계획합니다.

이처럼 저는 몇 가지 방법을 엮어서 공식처럼 생각합니다. 여러분도 꼭 여러분만의 주제나 과제에 맞게 이 방법들을 구체적으로 활용해 보세요.

실패는
최고의
연료다

저는 다른 사람에게 자랑할 만한 것이 하나 있습니다. 바로 아주 많이 실패해 봤다는 점입니다. 특히 20대 때는 시도 때도 없이 상사에게 혼났고 심지어 카페에서 유명한 배우에게 얻어맞기도 했습니다. 이외에도 여기에 적을 수 없는 실패를 많이 경험했습니다.

이토록 많은 실패가 제게 가르쳐 준 것은 '실패는 최고의 연료'라는 점입니다. 실패를 하면 다른 사람에게 폐를 끼치기도 하고 스스로 고통스러운 감정을 느낍니다. 이런 강렬한 감정은 사람의 마음에 오래 남습니다. 실연 경험을 떠올리면 지금도 가슴이 꽉 조여 오는데, 그런 느낌과 비슷하다고 할 수 있죠.

실패를 후회로 남기지 않으려면

실패를 연료로 삼기 위해서는 꼭 해야 할 일이 있습니다. 바로 '반성의 시간'을 갖는 것입니다. 왜 실패했는지, 어떻게 하면 실패하지 않았을지, 앞으로 내 인생에서 이 실패를 어떻게 긍정적으로 뒤바꿀지 생각하는 시간입니다. 실패를 후회로 끝내지 말고 반드시 반성의 시간을 가지세요. 이것이 실패를 성공의 연료로 바꾸는 방법입니다.

저는 한 달에 한 번씩 혼자 반성의 시간을 갖습니다. 지난 한 달을 돌이켜 보며 실패한 일, 뜻대로 되지 않은 일을 노트에 적습니다. 이때 목표는 '실패한 원인 생각하기', '앞으로 실패하지 않기 위해서 어떻게 하면 좋을지 생각하기'입니다.

실패의 원인을 찾다 보면 이런저런 것들이 보이기 시작합니다. 제 경험을 토대로 말씀드리면 실패에는 명확한 이유가 있습니다. 책을 만드는 과정을 예로 들면 기획 단계, 제작 단계, 마케팅 단계 등 반드시 어딘가에 실패의 이유가 있습니다. 그 원인을 찾아 나가다 보면 점점 완성도가 높아집니다.

기적의 생각 공식

반성을 했다고 모든 일이 성공하는 것은 아닙니다. 우리는 빠르게 변화하는 시대에 살고 있기 때문에 이전에 통용됐던 방식이 더 이상 적용되지 않기도 하니까요. 그렇기 때문에 시의적절하게 반성하는 시간이 필요합니다.

3장

"어떻게 다방면으로 생각할까?" 가능성을 늘리는 확장의 공식

스티브 잡스의
사고 확장 기술
'결합법'

스티브 잡스는 '창조'를 이렇게 정의했습니다.

"창조란 여러 가지 요소를 하나로 연결하는 것입니다."

저는 그가 말하는 '연결'이 '결합'이라고 생각합니다. '마법의 똥 한자(똥 선생이 등장하는 일본의 한자 학습서)', '유산균 쇼콜라(유산균이 함유된 초콜 릿)', '로봇 청소기', '손 선풍기' 등등 많은 히트 상품이 결합법으로 탄 생했습니다. 결합법의 핵심은 만난 적 없는 말과 말을 합하는 것입니다.

뇌는 논리적으로 생각하는 데 뛰어납니다. 하지만 논리적으로 생각하는 데에는 한계가 있습니다. 즉, 논리적으로 생각하면 할수록 당연하거나 기시감이 드는 것만 떠올리기 쉽습니다. 따라서 '논리적으로 생각하기'와 '비논리적으로 생각하기' 두 가지가 모두 필요합니다.

히트의 핵심은 '새로움'과 '공감'이다

새로운 아이디어는 우리의 뇌 밖에서 생각지도 못한 것과 만날 때 생겨납니다. 큰 성공을 거둔 학습지 '마법의 똥 한자'는 '똥'과 '한자 학습'의 만남이라는 훌륭한 발상에서 탄생했습니다. 알고 보면 아이들은 똥을 아주 좋아합니다. 여기서 이 '알고 보면'이 크게 히트하는 상품들의 공통점이기도 합니다.

'알고 보면'에는 공감이 내포돼 있습니다. 제가 편집한 책 중에도 마찬가지로 결합법으로 크게 성공한 책이 있습니다.

기적의 생각 공식

2019년 연간 베스트셀러 4위에 오른 《의사가 고안한 장수 된장국》, 80만 부가 팔린 베스트셀러 《초보자를 위한 3,000엔 투자 생활》, 10만 부 이상 팔린 베스트셀러 《치과 의사가 고안한 디톡스 양치질》 등입니다.

《의사가 고안한 장수 된장국》은 '의사×장수×된장국'처럼 만난 적 없는 세 가지 가치를 결합한 기획입니다. '의사'를 향한 신뢰감, '장수'라는 많은 사람의 욕구, 발효 식품으로써 몸에 좋다고 알려진 '된장국', 이 세 가지를 결합하자 새로운 가치가 탄생했습니다.

그 결과 책은 크게 성공했습니다. 책에 나오는 된장과 사과 식초는 금세 매진돼 슈퍼에서 찾아볼 수 없을 정도였습니다. 많은 된장 제조 회사에서는 "지금까지 경험한 적 없는 된장 홍보 효과를 봤다"라고 말하며 기뻐했습니다.

결합법으로 인기 관광지로 거듭난 절도 있습니다. 이 절은 정원에 핀 예쁜 꽃이 자랑거리였습니다. 그러나 찾는 사람이 많지 않아 안타까웠습니다. 그래서 많은 사람이 꽃을 볼 수 있도록 SNS인 인스타그램을 이용했습니다. '절×꽃×인스타그램 효과'를 결합해서 절을 홍보한 것입니다. 덕분에 절의 아름다운 풍경이 인스타그램에 널리 알려졌고 그 후 텔레비전 취재 요청이 수십 건이나 들어오면서 인기 관광지가 됐습니다.

과거 중학교 교장이었던 교육 개혁 실천가 후지와라 카즈히로 씨는 《후지와라 카즈히로의 반드시 성공하는 1%가 되는 방법》에서 이렇게 말했습니다.

"앞으로 다가올 시대에서 살아남으려면 자기 자신을 희귀하게 만드는 것이 중요합니다."

어떤 한 가지 일을 내 것으로 만들려면 약 1만 시간이 필요한데, 1만 시간을 투자해서 그 분야의 전문가 수준에 오르면 또 다른 분야에서 1만 시간을 투자합니다. 이런 식으로 총 세 가지 분야를 내 것으로 만들면 아주 희귀한 인재가 된다는 사고방식입니다.

한 분야에서 경력을 쌓으면 '100분의 1'만큼 가치 있어진다고 하면, 총 '100분의 1×100분의 1×100분의 1=100만 분의 1'의 인재인 셈입니다. 다시 말해서 세 가지 분야를 결합해서 자기 자신을 브랜딩할 수 있는 것입니다.

기적의 만남이 탄생할 때까지
결합하라

결합법은 굉장히 간단합니다. 우선 중심 키워드를 생각합니다. 그리고 그 키워드에 눈으로 본 것이나 생각나는 단어를 닥치는 대로 결합하면 되는데, 이것을 기적의 만남이 탄생할 때까지 계속해 나가는 것입니다.

예를 들어 '사원의 이직률을 낮추는 플랜을 생각하라'라는 과제가 주어졌다고 합시다. 이때 중심 키워드는 '이직률 낮추기'입니다. 그럼 여기에 계속해서 단어를 결합해 나갑니다.

- 이직률 낮추기 점심
- 이직률 낮추기 휴가
- 이직률 낮추기 표창
- 이직률 낮추기 선물
- 매일 이직률 낮추기
- 주 1회 이직률 낮추기
- 이직률 낮추기 유명인
- 이직률 낮추기 챔피언

생각나는 대로 적었기 때문에 무슨 말인지 알 수 없는 조합도 있습니다. 하지만 이렇게 결합하다 보면 의외로 시도해 볼 만한 것, 효과가 있을 것 같은 방법들이 탄생합니다. 아이디어의 재료가 나오면 이번에는 더 구체적으로 생각해 나갑니다.

이처럼 결합은 전혀 예상하지 못한 재미있는 결과를 낳습니다. 일단 생각나는 것부터 시작해 봅시다.

죽은 상권도 되살리는
'구슬 꿰기 연상법'

결합법이 만난 적 없는 것끼리의 만남이라면 '구슬 꿰기 연상법'
은 만난 적이 있는 것, 상상할 수 있는 것을 계속해서 연결해 나가
는 방법입니다. 이미 존재하는 것에서 새로운 매력이나 가치를 발
견하고 싶을 때 사용합니다. 어렵게 생각할 필요는 없습니다. 생각
하려는 주제를 가운데에 두고 여러 방향으로 구슬을 꿰어 나가듯
사고를 확장해 나가는 것입니다. 예를 들어 이런 문제를 해결해야
한다고 가정해 봅시다.

'쇠퇴해 가는 상점가를 되살리려면 어떻게 해야 할까?'

주제는 '쇠퇴해 가는 상점가의 활성화'입니다. 상점가를 되살리는 방법을 생각하기 위해 먼저 가운데에 '상점가'라고 적습니다. 그리고 '먹으면서 걷기', '파워 스폿(영적인 힘을 얻을 수 있는 곳)', '걷기', '사람', '제3의 장소(제 1의 장소인 가정, 제2의 장소인 일터나 학교에 이어 목적 없이 다양한 사람들이 어울리는 장소를 일컫는 신조어)', '이벤트', '주민', '아웃풋' 등등 떠오르는 대로 확장해 나갑니다.

나아가 '먹으면서 걷기'에서 '도시락', '포장해서 먹기', '구독 서비스' 등으로 뻗어 나갑니다. '파워 스폿'에서는 '역사', '점', '절', 더 나아가 '합격 기원', '사찰 순례' 등으로 연결해 나갑니다. 그런 식으로 계속해서 구슬을 꿰듯 종이에 적어 나갑니다. 흰 종이가 연상된 단어들로 가득 차면 그중 상점가에서 활용할 수 있을 만한 아이디어를 고릅니다. 이렇게 생각을 확장하다 보면 다양하고 재미있는 아이디어가 나옵니다.

'상점가의 음식점들이 협력해서 구독 서비스를 만들 수 있지 않을까? 월요일은 메밀국수 가게에서 배달을 하고, 화요일은 빵집에서 샌드위치를 배달을 하는 식으로 말이지.'

어떤가요? 이렇게 연상하다 보면 차별화된 가치와 재미가 있는 매력적인 상점가로 탈바꿈하지 않을까요? 이것이 구슬 꿰기 연상법이 흥미로운 이유입니다.

모두가 똑같은 아이디어를
내놓는 이유

만약 구슬 꿰기 연상법을 사용하지 않고 문제의 해결책을 찾아나간다면 누구나 할 수 있는 생각으로 흘러가기 쉽습니다.

'다른 상점가에서 하고 있는 방식을 따라 해 보자.'
'할로윈에는 할로윈 이벤트를 하고, 크리스마스에도 이벤트를 열어야겠어.'

실제로 이런 식으로 아이디어를 떠올리는 곳이 많습니다. 그럼 결국 어디에나 있는 천편일률적인 장소밖에 될 수 없습니다. 잘된 사례를 참고할 순 있겠지만 애초에 상점가가 왜 쇠퇴하기 시작했는지 그 원인을 생각하지 않는다면 그저 다른 곳을 흉내 내는 것만으로 새로운 매력을 만들어 낼 수 없습니다.

구슬 꿰기 연상법을 활용해서 아이디어를 확장해 나갑시다. 그렇게 하면 고유의 매력을 만들 수 있습니다. 노트를 가득 채울 정도로 많은 항목을 적어 보는 것부터 시작해 봅시다.

기적의 생각 공식

평범한 책에서
베스트셀러가 되는 '옮기기'

구슬 꿰기 연상법처럼 이미 존재하는 것에 새로운 바람을 불어넣고 싶을 때 쓰는 방법을 소개합니다. 바로 '옮기기'입니다. 이 공식은 가치를 재발견하고 싶을 때 사용하면 효과적입니다. 회사에서 자신이 담당하는 상품이나 서비스의 판매가 부진할 때 꼭 사용해 보세요.

예를 들어 일본에서 큰 인기몰이를 하고 있는 작업복 브랜드 워크맨WORKMAN도 이 방법으로 새로운 고객을 확보했습니다. 애초에 작업복 브랜드로써의 포지션은 확실했지만, 디자인을 좀 더 감각적으로 변경하자 일반 소비자들의 구매가 증가하기 시작했습니다. 그래서 경쟁 시장을 작업복 분야뿐만 아니라 아웃도어 분야로 '옮긴' 것입니다.

아웃도어 시장에는 경쟁 상대가 많습니다. 이때 워크맨의 돌파구는 '저가, 고기능'이라는 시장입니다. 기존 아웃도어 브랜드의 주요 경쟁 시장은 '고가, 고기능'이었습니다. '저가, 고기능' 시장은 선점되지 않았습니다. 그래서 워크맨은 아웃도어 전용 상품을 개발하는 대신 원래 갖고 있던 상품에서 '저가, 고기능'이라는 가치를 재발견해서 시장을 옮겨 버린 것입니다.

분야를 옮겼더니
초대박 베스트셀러가 되다

저는 옮기기를 이용해서 예전에 나온 책을 베스트셀러로 만든 적이 있습니다. 《노비타라는 삶의 방식》은 출간된 지 10년이 넘은 책이지만 최근 몇 년 사이 매출이 늘어 40만 부 이상 팔린 베스트셀러입니다. 오랫동안 만화 〈도라에몽〉을 연구한 저자가 쓴 책으로 원래 젊은 직장인을 겨냥해 만든 자기 계발서입니다. 그런데 서점의 판매 데이터를 살펴보니 점점 40대 여성 구매자가 늘고 있었습니다. 처음에는 그 이유를 알 수 없었는데 어느 날 이 책을 읽은 독자들로부터 이런 엽서를 받았습니다.

"저는 진득하게 책 읽기를 잘 못하는데 이 책은 재미있어서 책장이 술술 넘어갔어요." -11세 남자아이
"한자가 조금 어렵지만 읽으면 읽을수록 그다음이 궁금해서 재미있게 읽었어요. 독후감 쓰기도 어렵지 않아요." -11세 여자아이
"정말 좋은 책이고 이번 계기로 노비타를 다시 보게 됐어요. 이 책으로 독후감을 쓸 거예요." -12세 남자아이

엽서가 잇따라 도착하자 저는 깨달았습니다. 초등학생이나 중학생 자녀를 둔 어머니들이 구매했다는 사실을 말이죠.

그래서 이 책의 포지션을 '직장인을 겨냥한 자기 계발서'에서 '아이들이 독후감을 쓰기 좋은 책'으로 옮겼습니다. 서점마다 이 책의 판매대를 '비즈니스 자기 계발서' 코너에서 '아동서' 코너로 바꿔 달라고 요청했고 '여름방학 과제 도서' 코너에 진열하기도 했습니다. 그러자 판매량이 급증했고 40만 부 이상의 판매 기록을 세운 베스트셀러가 됐습니다. 분야를 옮겼을 뿐인데 엄청난 성공을 거둔 것

입니다.

옮기기는 가치의 재발견입니다. 당연해져 버린 것도 옮기기 공식을 이용해 다시 한번 들여다보면 새로운 가치가 태어날 수 있습니다.

일이 잘 안 풀릴 땐
머리보다 '눈과 귀'를 사용하라

옮기기를 활용하려면 먼저 생각을 버리는 것이 중요합니다. 일단 지금까지의 경험을 잊습니다. 타깃을 한정하지 않고 옮길 장소나 사람을 찾습니다. 이때 필요한 것은 사용자의 목소리를 잘 듣고 잘 관찰하는 것입니다. 《노비타라는 삶의 방식》의 성공도 독자들의 목소리 덕분이었습니다.

내 머리로만 생각하면 한계가 있습니다. 다른 사람의 목소리를 잘 듣고 잘 관찰해야 새로운 깨달음을 얻을 수 있습니다.

공항에 장난감 뽑기 기계를 설치했더니 외국인 관광객들 사이에서 큰 인기를 모았다는 이야기, 된장국 자동판매기를 설치해서 연간 수십만 개를 팔았다는 이야기 등은 그야말로 옮기기의 대표적인 성공 사례입니다.

영업자라면 영업처를 옮겨 보고, 인사부 소속이라면 연수 내용을 바꿔 볼 수도 있습니다. 새로운 것을 만드는 것만이 혁신이 아닙니다. 가치를 재정의하는 것으로도 혁신을 일으킬 수 있습니다. 고객과 시장의 목소리를 잘 들으면 뜻밖의 발견을 할 수 있습니다.

이것도 저것도 얻고 싶다면
'양자택일에서 벗어나기'

식사를 하러 레스토랑에 갔는데 햄버거도 먹고 싶고 새우튀김도 먹고 싶다면 어떻게 할까요? 이럴 때 '햄버거와 새우튀김 정식'이 있다면 아주 반가울 것입니다. 이처럼 사람은 하루에도 몇 번씩 선택의 갈림길 앞에 섭니다.

우리는 A 혹은 B 둘 중 하나를 선택해야 하는 상황을 죽을 때까지 몇 번이나 마주하게 될까요?

'샤워를 할까, 밥을 먹을까?'

'나와 일, 어느 쪽이 더 중요할까?'

'놀러 가지 말고 숙제를 해야 하는데.'

하지만 'A 또는 B'가 아니라 'A 그리고 B'로도 생각할 수 있습니다. 다이어트를 예로 들어 볼까요? 다이어트는 '먹고 싶다'는 욕구를 억누르고 '날씬해지고 싶다'는 욕구를 우선하는 것입니다.

일반적으로 '먹고 싶다'와 '날씬해지고 싶다'는 상반되는 욕구이므로 한쪽을 선택하면 다른 한쪽은 얻을 수 없다고 생각합니다. 하지만 상반된 두 가지 욕구를 모두 실현할 수 있는 방법이 있다면 어떨까요? 다이어트를 하는 사람에게는 희소식이겠죠.

다이어트 상품이나 서비스를 기획할 때 이 두 가지 욕구를 동시에 만족하도록 개발한다면 큰 성공을 거둘 가능성이 높아집니다. '나와 일, 둘 중 어느 쪽이 중요한가'를 생각할 때도 한쪽을 택하는 것이 아니라 양쪽 모두를 놓치지 않는 방법을 생각하는 것이 중요하지 않을까요?

부부 사이, 연인 사이도 이런 사고가 가능하다면 평온할 것입니다. 양자택일에서 벗어나면 여러 가지 과제를 한 번에 해결할 가능성이 생길 테니까요.

꼭 둘 중에 하나를
포기해야 할까?

얼마 전 라디오에서 이런 사연을 들었습니다. 눈이 오는 날, 아내는 장을 보러 가고 싶지만 네 명의 어린 자녀를 데리고 가기가 난감했습니다. 남편은 새벽 근무를 마치고 잠을 자는 시간이었기 때문에 아이들을 두고 갈 수도 없는 상황입니다.

그런데 남편이 "내가 아이들을 돌보고 있을 테니 당신은 장을 보러 가"라고 말했습니다. 그 말을 듣고 아내는 장을 보러 갔습니다. 30분 정도 지나 집에 돌아왔더니 남편은 거실에서 자고 있습니다. 그리고 평소에는 시끌시끌할 네 명의 아이들이 남편을 둘러싸고 조용히 그림을 그리고 있었습니다. 어떻게 된 일일까요? 남편은 아이들에게 이렇게 말했다고 합니다.

"아빠가 잠자는 모습을 가장 잘 그린 사람에게 초콜릿을 줄 거야."

아이들은 그 말을 듣고 진지하게 그림을 그리고 있던 것입니다. 이 사연은 'A 또는 B'가 아니라 'A 그리고 B' 사고방식을 활용한 좋은 예입니다. 양자택일에서 벗어나는 법은 간단합니다. A와 B 중

하나를 선택해야만 할 때, 어느 한쪽을 고르기 전에 'A와 B 모두 고른다'고 생각해 봅니다.

예를 들어 하고 싶은 일이 있어서 회사를 그만둘지 고민하는 경우입니다. 당장 그만두고 싶지만 막상 그만두면 돈이 걱정이죠. 그럴 때 저라면 '회사를 그만두지 않고 하고 싶은 일을 하는 방법'부터 궁리합니다. 밑져야 본전이니 주3일 출근으로 계약을 바꿀 수 없는지 회사와 교섭해 보거나, 전례가 없더라도 제도를 바꿔 줄 수 있는지 상담해 봅니다. 할 수 있는 것을 전부 해 보고 그래도 안 된다면 그때가 그만둘 타이밍입니다.

좋은 점만 취하는
일석이조 사고법이 있다

사람은 무의식중에 자신이 할 수 있는 것, 하기 쉬운 것을 선택하는 경향이 있습니다. 그런 선택만 하다 보면 새로운 아이디어가 나오지도 않고 나의 성장으로 이어지지도 않습니다. 인생은 선택의 연속입니다. 오늘의 선택에 따라 인생은 크게 달라집니다.

이왕이면 내 인생을 더 멋지게 만드는 선택, 자신의 가능성이 커지는 선택을 하는 게 좋지 않을까요? 일에 관해서라면 과제 해결에 유리한 선택, 새로운 것을 만들어 낼 수 있는 선택, 효율을 높이는 선택을 하는 편이 좋습니다.

그것을 위한 사고법이 '양자택일에서 벗어나기'입니다. '어느 쪽인가'가 아니라 엔진과 모터를 모두 살린 하이브리드 자동차처럼 '좋은 점만 취하는' 사고법입니다. 선택하기 전에 우선 양자택일보다 일석이조를 위해 생각해 봅시다.

하나만 파는 사람이
매력적인 이유
'한데 모으기'

'유루캬라'는 느긋함을 의미하는 '유루이'와 캐릭터의 합성어로
일본에서 지방자치단체를 홍보하기 위해 만든 마스코트 캐릭터를
일컫는 말입니다. 한가롭고 여유로운 분위기를 주며 일상에 지친
도시 사람들을 지방으로 끌어들이는 임무를 맡고 있죠. 유루캬라
의 아버지인 미우라 준 씨는 '한데 모으기'의 천재입니다.

애초에 홍보용 캐릭터는 한가로운 이미지가 아닙니다. 준 씨는
이전까지 주목받지 못했던 한가로운 캐릭터들을 한데 모아서 유루
캬라로 소개했습니다. 이는 가치를 낳는 과정을 훌륭하게 밟고 전

국적으로 커다란 붐을 일으켰습니다.

한데 모으기는 가치를 낳습니다. 인기 있는 맥주 축제, 고기 축제, 빵 박람회 등 다양한 축제나 이벤트도 한데 모으기로 가치가 상승한 예입니다. 니치(niche, 다른 회사가 진출하지 않은 틈새시장, 특정 분야)한 것도 한데 모으면 매력이 대폭 상승합니다.

한데 모으기는 그냥 수집이 아닙니다. 특정 영역으로 좁혀 정보를 모으고 그 매력이나 가치를 뽑아내는 과정입니다. 어느 한 분야에 관심이 많은 사람을 '마니아'라고 합니다. 종종 텔레비전 방송에서 고등어 캔 마니아, 떨어진 물건 마니아 등등 아주 좁은 분야의 마니아들을 소개합니다. 이들은 그 영역의 정보들을 한데 모으고, 매력을 뽑아낸 뒤 그 가치를 세상에 전하고 있습니다. 이것이 바로 '한데 모으기'입니다.

쉽고 빠르게 하나로!
모으기 → 공식화 → 실행

한데 모으기는 이런 식으로 진행됩니다. 예를 들어 영업 성적을 더 올리고 싶은 순간을 떠올려 볼까요? 우선 세상에 존재하는 다양한 영업 방법을 가릴 것 없이 모읍니다. 효과적으로 약속 잡는 법, 발표하는 법, 마무리하는 법 등 많은 방법을 찾을 수 있습니다.

방법들을 모았다면 그것을 '공식화'합니다. 공식화의 첫 단계는 '이름 붙이기'입니다. '영업을 성공시키는 20가지 방법'처럼 당신만의 법칙을 만든다는 생각으로 '~의 법칙'이라는 이름을 붙입니다. 그다음은 '내용 정리하기'입니다. 같은 내용은 하나로 모으고 전체를 정리합니다.

정보를 많이 모아서 정리하다 보면 효과적인 영업 방법을 몇 가지 요소로 좁힐 수 있음을 깨닫습니다. 영업을 부감할 수 있게 되는 것이죠. 가령 20가지 요소를 모았다면 '영업은 이 20가지 요소를 확실히 실행해 나가면 성공할 확률이 높아진다'는 점을 알게 됩니다. 이제 남은 것은 실행으로 옮기는 일뿐입니다.

한데 모으기는 다른 생각 공식과 결합하면 그 힘이 더욱 세집니다. 예를 들어 저는 일할 때 '붐을 일으키는 18가지 방법'이라는 저만의 공식을 만들었습니다. '한데 모으기×360도 분해법×캐치프레이즈법'을 결합한 것입니다. 지금까지 수많은 붐이 일었다가 사라지고 일었다가 사라졌습니다. 이런 붐이 일어난 이유를 알아보기 위해 과거의 자료를 조사하고 정리했습니다. 그러자 붐을 일으키는 여러 가지 요소가 보이기 시작했습니다. 붐의 공통된 특징을 한데 모아서 360도 분해법, 캐치프레이즈법을 이용해 18가지 방법으로 단단히 묶은 것입니다.

하나하나는 평범할지 몰라도 이것들을 한데 모으면 오리지널리티가 생깁니다. 이것이 바로 '한데 모으기'의 힘입니다.

상상이 현실이 되는
'있으면 좋을 텐데'

1장에서 '비논리적으로 생각하기'의 중요성을 이야기했습니다. '생각'과 '논리적'이라는 단어는 굉장히 궁합이 좋습니다. 그래서 생각은 보통 논리적으로 이뤄지기 쉽습니다. 비논리적으로 생각하려면 의식적으로 생각을 건너뛰게 할 필요가 있습니다. 이럴 때 활용할 수 있는 방법이 바로 '있으면 좋을 텐데'입니다.

수많은 혁신이 '있으면 좋을 텐데'에서 만들어집니다. 아이폰도, 페이스북도 '이런 상품이나 서비스가 있으면 좋을 텐데'라는 생각에서 탄생했습니다.

소니에서 출시한 워크맨의 개발 비화를 아시나요? 워크맨은 당시 존재하지 않았던 '휴대용 소형 재생 오디오가 있으면 좋을 텐데'라는 생각이 있었기에 비로소 제품화할 수 있었다고 합니다. 개발 현장에서는 '이런 작은 오디오는 만들 수 없다'고 반응했지만 작기 때문에 '있으면 좋을 텐데'라는 생각을 할 수 있었던 것입니다.

없는 것을 만들려는 마음이
혁신의 첫걸음이다

저도 '있으면 좋을 텐데' 하고 생각하며 책을 기획합니다. 아프리카 사람은 탁 트인 자연에서 먼 곳을 자주 바라보기 때문에 시력이 좋다고 합니다. 그러나 도시에 사는 사람들은 그들처럼 먼 곳을 보기 어렵습니다. 이때 '풍경 사진이라도 보며 눈을 단련할 수는 없을까' 하는 생각에서 《하루 1분 보기만 해도 눈이 좋아지는 28가지 굉장한 사진》이라는 베스트셀러가 탄생했습니다. 이 책은 50만 부 이상이 팔리며 많은 독자의 사랑을 받았습니다.

비슷한 예로 '음악을 듣기만 해도 자율 신경이 정돈되면 좋을 텐데'라는 발상 덕분에 《듣기만 해도 자율 신경이 정리되는 CD북》을 출간할 수 있었습니다. 이 책은 시리즈 누적 판매량이 135만 부를 돌파했습니다.

"책을 기획할 때는 잘 팔리는 책과 비슷하게 만들어라."

이런 말을 종종 접하곤 합니다. 하지만 저는 그런 방식을 중요하게 여기지 않습니다. 대신 '새로운 것을 만들자', '있으면 좋을 텐데부터 생각하자'를 기획의 첫걸음으로 삼고 있습니다.

시작은 비논리적인 상상으로

이 공식을 활용하는 법은 간단합니다. 우리는 어떤 문제의 해결책을 생각해야 할 때 '시도할 수 있을 법한 일', '실현 가능성이 높아 보이는 일'부터 떠올립니다.

그러나 이 공식은 일단 현실적인 가능성을 고려하기 전에 '있으면 좋을 텐데' 하며 가능성을 확장하는 방법입니다.

'출퇴근을 쾌적하게 할 수 있다면 좋을 텐데.'

예를 들어 교통이 혼잡한 출퇴근 시간에 만원 지하철을 타느라 지친 사람이라면 누구나 쾌적한 통근을 상상할 것입니다. 그렇다면 쾌적한 통근이란 무엇일까요? 사람으로 꽉 찬 만원 지하철에 타지 않아도 되는 상황, 좌석에 앉아서 편안히 잠들 수 있는 상황, 지하철에서 내가 좋아하는 동영상을 보거나 책을 읽을 수 있는 상황이 아닐까요? 이 세 가지가 실현된다면 출퇴근길이 한결 쾌적해질 것입니다.

재택근무가 아닌 이상 통근은 피할 수 없습니다. 그렇지만 수십 년이나 내키지 않는 일을 견디며 사는 것 역시 괴로운 일입니다. 그렇다면 출퇴근길을 쾌적하게 만들 수 있는 방법을 진지하게 생각해 보는 것은 인생에 있어서 꽤 중요한 일로 볼 수 있습니다.

쾌적한 통근을 위한 세 가지 상황을 실현하기 위해 '구슬 꿰기 연상법'으로 생각해 보겠습니다.

만원 지하철을 피하려면

- 만원이 되기 전의 시간대로 통근 시간을 바꾼다.

기적의 생각 공식

- 회사에 탄력 근무 시간제 도입을 요구해 본다.
- 자동차나 오토바이로 통근한다.

좌석에 앉아서 잠들 수 있으려면

- 앉을 수 있는 시간대에 통근한다.
- 급행이 아닌 일반 열차나 첫차 등 앉아서 통근할 수 있는 열차를 이용한다.

편안하게 동영상을 보거나 책을 읽으려면

- 스마트폰을 세울 수 있는 백팩을 활용한다.
- 지하철 안에서 하고 싶은 활동을 하기 쉬운 환경을 갖춘다.

일단 행동해 보는 것입니다. 괴로움을 수십 년이나 참는 것은 말도 안 되는 양의 스트레스를 축적하는 일입니다. 통근 환경을 개선하기 위해 행동을 취할 것인지 말 것인지에 따라 당신의 인생은 크게 달라집니다. 출퇴근길에 받는 스트레스가 줄어들 뿐만 아니라 아침 시간의 생산성도 높일 수 있습니다.

쓰고 보면 당연한 일처럼 보이지만 실제로 자신에게 가장 적합한 방식을 찾아 실천하는 사람은 많지 않습니다. '있으면 좋을 텐데'를 활용해서 인생을 개선하는 데 도전해 보세요. 당신의 생각이나 꿈을 갖고만 있지 말고 현실로 이룰 수 있는 방법을 생각해 봅시다.

기적의 생각 공식

어려운
일이니까
내가 한다는 태도

"그건 어렵겠네요."

저는 이 말을 좋아하지 않습니다. 왜냐하면 저는 늘 이렇게 생각하기 때문입니다.

"어려우니까 의미가 있다. 간단한 일이라면 굳이 내가 할 필요가 없다. 나만 할 수 있는 일을 하고 싶다."

어려운 과제는 기회입니다. 나만 할 수 있는 일일지도 모릅니다. 하지만 인간은 어려운 일이 눈앞에 있으면 피하고 싶어 하는 생물이기도 합니다. 눈앞에 높은 산이 있을 때 '오르고 싶다'고 생각할 수 있기까지 나름의 훈련이 필요합니다.

인생은 게임이다

어려운 과제에 뛰어들고 싶은 마음가짐을 만들기 위해 '게임화'를 추천합니다. 문제가 생기면 이를 해결해야 할 '게임'으로 생각하는 것입니다. 게임이 너무 간단하면 재미가 없습니다. 우리는 어려운 게임을 깰 때 재미와 성취감을 느낍니다.

굳이 어려운 일에 도전해서 실패하기 싫은 사람도 있습니다. 하지만 실패는 분명 귀중한 경험입니다. 앞서도 이야기했듯이 저는 수없이 많은 실패를 했고 정도도 심각했습니다. 하지만 그 덕분에 다른 사람에게 지지 않는 자신감이 생겼습니다.

'어려운 일에 도전해서 생각대로 안 되면 혼나지 않을까?'
'해결하는 데 시간이 많이 걸려서 힘들지 않을까?'

이런 생각을 하는 것 역시 인간입니다. 하지만 어려운 일에 도전했을 때 얻는 장점과 단점을 비교하면 분명 장점이 더 크다고 생각합니다.

난문에 도전하는 것의 장점

- 나만이 만들 수 있는 가치를 찾을 수 있다.
- 성공하면 자신감이 붙는다.
- 강해질 수 있다. 돌파력이 몸에 밴다.
- 실패를 마음에 담아 두지 않고 오히려 성공의 동력으로 삼을 수 있게 된다.

난문에 도전하는 것의 단점

- 시간이나 노력이 필요하다. 귀찮다.
- 실패했을 때 일시적으로 다른 사람에게 비난당할지도 모른다.

4장

"평범한 생각도 특별해질까?" 본질적인 가치를 담는 깊이의 공식

좋은 점만 쏙 끄집어내는
'360도 분해법'

지금부터는 생각을 깊게 하는 방법을 소개하겠습니다. '360도 분해법'은 장점을 발견할 수 있는 사고법입니다. 누구나 불편한 사람이 한두 명쯤은 있습니다. 불편한 채로 지내도 괜찮다면 상관없지만, 직장이나 학부모 모임처럼 꼭 마주칠 수밖에 없는 곳에서 계속 불편하게 지내다 보면 스트레스의 씨앗이 되기도 합니다. 이럴 때 360도 분해법을 사용할 수 있습니다.

왜 그 사람이 불편할까요? '성격이 안 좋다', '예의가 없다', '잘난 체한다' 등 싫어하는 이유는 분명 있습니다. 하지만 이런 생각들은 대부분 상대방의 일부만 보고 내린 판단입니다. 인간의 뇌는 자신에게 유리한 쪽으로 보고 판단하는 경향이 있습니다. 따라서 싫어하는 사람, 불편한 사람이 있을 때 우리는 그 사람의 싫은 점, 불편한 점만 보고 있을 가능성이 높습니다. 어떤가요? 다시 한번 당신이 불편한 사람을 떠올려 보세요. 그 사람의 좋은 점은 얼마나 떠오르나요?

세상에 완벽한 장점도, 완벽한 단점도 없다

360도 분해법은 좋은 점, 매력, 가치 있는 부분을 360도로 분해해서 적어 가는 방법입니다. 우선 가운데에 장점을 찾고 싶은 대상을 적습니다. 그리고 그 주위에 다양한 주제들을 적습니다. 주제마다 생각나는 것을 계속 적어 봅시다. 이때 싫은 점뿐만 아니라 좋은 점도 의식적으로 적어야 합니다.

예를 들어 회사 동료 A 씨와 관계가 어색하다면 가운데에 A 씨의 이름을 적고 그 주변에 여러 주제들을 적습니다. 이때 주제는 '성격', '사고방식', '일할 때 인정받는 점', '노력하는 점', '잘못된 점', '외

기적의 생각 공식

모', '인간관계', '돈' 등이 될 수 있습니다. 각각의 주제마다 A 씨에 관해 생각나는 것을 계속해서 적어 보세요.

다 적었다면 지금까지 쓴 것들을 살펴봅니다. 그리고 장점은 단점으로, 단점은 장점으로 바꿔 보세요. 이 과정은 이다음에 설명할 '긍정적인 가치화'에 해당합니다.

예를 들어 '성격'이라는 주제 옆에 이런 단점을 적었다고 합시다.

'A 씨는 금세 감정적으로 변한다.'

'감정이 전면에 드러날 정도로 심하게'라든가 '어떻게든 하고 싶어 하는 마음 때문에 감정이 드러난다'와 같이 단점을 적었다면, 그것을 장점으로 바꾼 말들을 적어 보세요. 반대로, 장점을 적었다면 그 옆에 단점으로 받아들였을 때의 말들을 적어 보는 겁니다.

이처럼 다양한 각도에서 A 씨의 성격을 적어 나가면 단점이 곧 장점이 될 수도 있다는 사실을 깨닫습니다. 그러다 보면 자연스럽게 A 씨의 좋은 점을 발견할 수 있습니다. 이렇게 360도 분해법을 활용하면 지금까지 자신이 봤던 것과 다른 새로운 가치를 발견할 수 있습니다.

'불황'이라는 말로
걱정을 덮어 두지 말자

한 가지 더 구체적인 예를 들어 보겠습니다. '출판업계는 언제나 불황'이라는 말이 돌고 있습니다. 불황의 원인은 책을 구입하는 사람의 수와 구매 금액이 줄어든 데 있습니다. 왜 그렇게 됐을지 생각해 보면 다양한 원인이 있겠지만 결국 인터넷, 동영상, SNS 등 다양한 콘텐츠가 생긴 가운데 '책을 구매해서 읽는 가치'가 떨어졌기 때문입니다.

그렇다면 사람들이 책을 더 많이 읽고 더 많이 사게 하려면 어떻게 해야 할까요? 책의 훌륭한 점을 360도 분해법으로 생각해 보겠습니다. '책과 삶의 방식', '책과 일', '책과 돈', '책과 건강', '책과 인간관계', '책과 시간' 등등 주제는 다양합니다. 그중에서 '책과 건강'에 관해 다음과 같은 정보가 있습니다.

- 건강하게 장수하는 사람 중에는 독서 습관을 가진 사람이 많다.
- 독서는 뇌를 젊게 만든다.
- 잠깐 책을 읽는 것만으로도 스트레스가 대폭 줄어든다.

기적의 생각 공식

하지만 이 정보들은 잘 알려지지 않았습니다. 책과 건강의 관련성을 제대로 전달하지 못하고 있는 것입니다.

출판 불황이라고 한탄하지만 말고 360도 분해법으로 가치를 찾아 알리는 것이 중요하다고 생각합니다. 장점이나 강점을 발견하고 싶을 때는 360도 분해법으로 생각해 봅시다.

약점도 강점으로 뒤집는
'긍정적인 가치화'

식품 배달 업체 '오이식스 라 다이치'는 '키트 오이식스'라는 밀키트를 출시했습니다. 일과 집안일, 육아 등 여러모로 바쁜 30~40대 여성들을 타깃으로 한 이 상품은 '20분 만에 메인 요리와 반찬을 만들 수 있다'는 콘셉트로 크게 히트한 상품입니다.

이 상품의 성공 포인트는 '20분'이라는 시간과 '프리미엄 시간 단축법'이라는 콘셉트입니다. 20분은 마트에서 사 온 반찬에 죄책감을 느끼는 바쁜 여성들이 '제대로 요리했다'고 느낄 수 있는 시간입니다. 또한 단축된 요리 시간을 긍정적인 가치로 내세웠습니다. 기

기적의 생각 공식

존에는 시간 단축이라는 말에 '꾀를 부리고 있다'거나 '대충 한다'는 부정적인 이미지가 있었지만 이를 긍정적인 의미로 뒤바꿔 바쁜 여성들의 마음을 사로잡은 것입니다.

부정적인 것, 안 된다고 여겨지는 것을 오히려 새로운 가치로 만들 수 있습니다. 단점도 장점도 절대적이지 않고 시점의 차이에 불과합니다.

- 일이 빠르다 → 일을 정신없게 한다
- 일이 느리다 → 일을 꼼꼼하게 한다

이처럼 장점과 단점은 바꿔 말할 수 있습니다. 사토 카시와 씨의 책 《사토 카시와의 정리의 기술》에 나오는 발포주 '고쿠나마'는 긍정적 가치화의 성공 사례입니다.

당시 발포주는 '맥주의 저렴한 버전'이라는 인식이 있었습니다. 그런 이유로 맥주처럼 보이기 위해 포장이나 광고도 맥주의 이미지를 답습하고 있었죠. 이때 사토 카시와 씨는 발포주만의 긍정적인 입지를 구축하기로 합니다. 그리고 발포주의 가치를 이렇게 바꿔 나갔습니다.

- 맥주의 저렴한 버전 → 편안하게 즐길 수 있는 현대적인 음료
- 깊이가 부족하다 → 가볍고 상쾌한 마우스필

이 전략 덕분에 발포주 고쿠나마는 인기 상품이 됐습니다.

약점의 근원을 파악하면 해결책이 보인다

'긍정적인 가치화'가 무엇이든 긍정적으로 바꾸면 된다는 뜻은 아 닙니다. 생각할 주제의 본질적인 과제나 가치를 파악해야 합니다.

예를 들어 '병원 진료 대기 시간이 너무 길다'는 과제의 해결책을 생각해 봅시다. 문제가 되는 부분은 '시간을 낭비하는 것 같다', '지 루하다', '이 시간을 다른 일에 쓰고 싶다' 등입니다. 환자 수를 줄일 수는 없으니 대기 시간을 지루하게 느끼지 않도록 '시간 낭비', '지 루함'을 긍정적으로 가치화해야 합니다. 이때 생각할 점은 이 두 가 지의 반대 상태입니다. 바로 '의미 있는 시간', '즐거움'입니다.

의미 있다고 느끼고, 열중할 수 있고, 즐거운 시간은 무엇을 할

때일까요? 드라마나 영화를 보는 시간, 책을 읽는 시간, 다른 사람과 수다를 떠는 시간, 몸을 움직이는 시간 등이 있습니다. 출판사와 협력할 수 있다면 '병원 도서관'을 만들어서 건강 관련 서적을 읽을 수 있고, 스포츠 클럽과 협력할 수 있다면 '출장 체조 교실'을 개최할 수도 있습니다. 출판사와 스포츠 클럽은 환자와 소통하면서 자사의 상품과 서비스를 홍보할 수 있고, 병원은 지루하기만 했던 대기 시간을 '배우는 시간', '건강해지는 시간'으로 바꿀 수 있습니다.

이것이 바로 긍정적인 가치화입니다. 물론 예산, 인원, 법률 등의 문제로 실현할 수 없는 방법도 있겠지만 제약 내에서 생각할 수 있는 계획이 분명 있습니다. 긍정적인 가치화로 약점과 단점을 강점과 장점으로 바꿔 보세요.

마음을 움직이는
'나의 것, 당신의 것, 사회의 것'

처음 만난 사람과 이야기가 너무 잘 통했던 적 있나요? 혹시 그
사람과 공통점이 있지는 않았나요? 출신이 같거나 취미가 같거나
공통의 지인이 있었을 수도 있습니다. 사람들의 관심과 흥미가 궁
금할 땐 '나의 것, 당신의 것, 사회의 것' 공식을 이용하면 좋습니다.

 '나의 것'은 내가 관심 있는 것, '당신의 것'은 가족, 친구, 회사 동
료 등 나와 가까운 사람에게 관심이 있는 것, '사회의 것'은 사회적
관심이나 유행 등입니다. 이 세 가지 요소가 겹치면 사람들은 훨씬
흥미를 느낍니다.

베스트셀러 《하루 1분 보기만 해도 눈이 좋아지는 28가지 굉장한 사진》이 성공하게 된 요인을 살펴보겠습니다.

나의 것

- 노안이나 근시가 신경 쓰인다.
- 최근 들어 쉽게 피로감을 느낀다.

당신의 것

- 자녀나 손자가 스마트폰이나 게임을 많이 해서 걱정이다.
- 부모님이 최근 눈이 나빠지고 있다는 말을 자주 한다.
- 나이 든 부모님이 운전하는 것이 걱정된다.
- 가족이나 지인에게 선물하고 싶다.

사회의 것

- 일본인의 시력 저하가 현저하다.
- '스마트폰 노안', '블루라이트 차단' 등 눈 건강이 화제다.

이 세 가지 요소를 빠짐없이 알렸기 때문에 10대부터 80대까지 전 연령대를 사로잡는 책이 됐습니다.

사적인 연애부터
공적인 영업까지

이 공식은 연애, 인간관계, 영업에도 요긴하게 사용할 수 있습니다. 관심 있는 사람과 더 가까워지고 싶다면 대화할 때 '나의 것, 당신의 것, 사회의 것'을 고려해야 합니다. 나의 이야기로 시작해서 서로의 공통 관심사를 찾고, 이를 사회로 연결하면 훨씬 흥미롭게 대화할 수 있습니다. 나아가 '당신의 것'을 담아내면 '사려 깊은 사람'이라는 인상을 남길 수 있습니다.

상대방을 설득하고 싶을 때, 중요한 내용을 전달하고 싶을 때도 대화에 이 세 가지 요소를 담아 보세요. 상대방은 훨씬 쉽게 납득할 것입니다. 예를 들어 저는 커피를 아주 좋아합니다. 만약 커피숍 점원에게 이런 말을 듣는다면 저는 그 자리에서 바로 그 원두를 살 것입니다.

"손님께선 깊이가 있고 쓴 커피를 좋아하시죠? 이 원두가 딱 손님의 취향이에요. 휴일 아침에 이 커피를 직접 내려 드시면 집안 가득 커피 향이 퍼져서 가족 분들도 기분 좋게 아침을 맞이하실 거예요. 참고로 이 원두는 공정 무역 제품이라서 원산국의 생산 지역에 도움을 준답니다."

점원의 말에 '나의 것, 당신의 것, 사회의 것'이 모두 들어가 있음을 알 수 있습니다. 이 세 가지 요소로 사람들은 더 쉽게 납득하고 행동하게 됩니다. 상품이나 서비스라면 적극적으로 구입을 고려하고, 인간관계라면 상대방과의 거리가 가까워질 것입니다. 설득하고 싶을 때, 흥미를 이끌어 내고 싶을 때 사용해 봅시다.

목표의 지름길을 찾아내는
'주사위 놀이법'

'마켓 인(market-in, 손님이 필요한 상품과 서비스를 조사해서 제공하는 방법)'과 '프로

덕트 아웃(product-out, 생산자의 형편과 생각에 따라 상품과 서비스를 제공하는 방법)'이

라는 말이 있습니다. 주사위 놀이법은 이 두 가지 중 '마켓 인'에 해

당하는 방법입니다.

예를 들어 새로운 책을 만들기 위한 아이디어를 떠올려야 한다

면 일반적으로 '많은 사람이 읽을 수 있는 베스트셀러를 만들고 싶

다'고 생각합니다. 100만 부 팔리는 책을 만들고 싶다면 '100만 부를

기적의 생각 공식

달성하기 위해 꼭 필요한 것'을 생각합니다. 그러면 몇 가지 조건이 떠오릅니다. 만화나 인기 소설을 제외하면 다음 요소가 100만 부를 만드는 조건입니다.

- 잠재 독자가 3,000만 명 이상 있다.
- 책으로 출간될 필요성이 있다.
- 인기 있는 방송에서 크게 다뤄질 가능성이 있다.
- 서점에서 대대적으로 판매하고 싶어 한다.
- SNS상에 게시하고 싶다. 다른 사람에게 소개하고 싶다.

참고로 꾸준히 팔리는 '밀리언셀러'는 분야가 어느 정도 정해져 있습니다. 커뮤니케이션, 삶의 방식, 건강, 다이어트, 돈, 아동서, 학습서 같은 분야입니다. 게다가 제 경험상 100만 부 판매를 달성하려면 3,000만 명 이상의 대상 독자가 있어야 합니다. 즉, 잠재 독서가 적은 분야에서는 엄청난 베스트셀러가 나올 확률이 적다는 말입니다.

또한 인기 있는 방송에 나오려면 '방송과의 연계'가 필요하거나 어느 정도의 시청률을 보장할 수 있는 기획이어야 합니다. 이렇게 목표를 먼저 정하고 달성하기 위해 필요한 조건들을 하나하나 생각해 나가다 보면 원하는 결과에 이를 수 있습니다.

이때 중요한 포인트는 가능한 한 세세하게 역산해 나가는 것입니다. 철저하게 역산하면 많은 사람에게 닿을 가능성이 높아집니다.

보드 게임을 하듯이
목표를 달성해 나가기

역산은 목적지부터 시작해서 거꾸로 생각하는 것입니다. 마치 주사위를 굴려서 목적지로 향하는 보드 게임과 비슷합니다. 먼저 출발지와 목적지를 설정하고, 그 사이에 여러 칸을 만들어서 목적지까지 닿기 위해 해야 할 투두리스트to-do list를 적어 나갑니다.

저는 많은 사람에게 책을 알리고 읽게 하는 것을 목표로 삼곤 합니다.

1. 출발지는 책을 발매하기 전으로 설정한다.
2. 예약 판매 단계에서 아마존 재팬 베스트셀러 랭킹 100위 이내에 진입한다.
3. 다음으로, 발매 후 많은 서점에서 매일 3권 이상 팔리고, 서점

의 베스트셀러 랭킹에 들어간다.

이런 식으로 구체적인 전략을 세워 나갑니다. 구체적인 전략을 만들면 두 가지 장점이 있습니다.

첫 번째, 재미있습니다. 어린 시절에 그림을 그리는 것처럼 곳곳에 일러스트를 그리거나 색을 칠하는 등 직접 게임판을 만든다고 생각해 보세요.

두 번째, 목적지까지 이르는 길을 한 번에 볼 수 있기 때문에 해야 할 일이 명확해집니다. 일을 할 때뿐만 아니라 자녀와 함께 여름방학 숙제 계획을 세우거나 취미 계획을 세울 때도 효과적인 방법입니다.

이 공식을 실제로 활용해도 마음처럼 되지 않을 수 있습니다. 그럴 때마다 투두리스트를 수정하면서 목적지를 향해 나아가야 합니다. 저는 책을 홍보할 때 이 방법을 자주 사용하는데, 타깃 독자와 접점을 만드는 일에 특히 신경 씁니다.

한 번의 접촉으로 구입을 결정하는 경우도 있지만 접촉 빈도가 많을수록 상품에 흥미를 느낄 가능성도 높아집니다. 그래서 접촉 빈도를 높이기 위해 광고, SNS, 미디어 홍보, 이벤트 등등 다양한 장치를 생각합니다. 덕분에 기획의 시작 단계에서 홍보 단계까지 상상하며 투두리스트를 만들 수 있게 됩니다. 목적지까지 가는 최단 거리를 찾고 싶다면 꼭 활용해 봅시다.

보이지 않는 심리를 꺼내는 '정체 찾기'

'정체 찾기'란 사람의 마음속에 숨은 심리를 찾아내는 방법입니다. 사람은 항상 논리적으로 행동할 수 없습니다. 오히려 감각적으로 행동할 때가 압도적으로 많습니다. 정체 찾기는 감각, 직감처럼 '왠지' 하는 애매한 마음을 가시화하고 언어화하는 공식입니다.

영화감독이자 작가인 가와무라 겐키 씨는 흥행작을 만드는 요인의 하나로 '집합적 무의식의 발견'을 꼽습니다. 의식하지 못했던 것을 구체적으로 보여 줬을 때 큰 공감이 만들어지고 인기를 얻습니다. 즉, 히트는 '무의식×사람 수'라는 것이죠.

뭘 좋아할지 몰라서
다양하게 준비하는 전략

이 공식으로 큰 성과를 거둔 사례는 지금 성인 여성들에게 큰 인기를 얻고 있는 산리오 퓨로랜드(Sanrio Puroland, 일본 도쿄도 다마시에 있는 실내 테마파크)입니다. 성공 비결은 여러 가지겠지만 저는 '정체 찾기' 공식 때문이라고 생각합니다.

산리오 퓨로랜드에는 '헬로 키티'를 비롯한 다양한 캐릭터가 있습니다. 이곳은 캐릭터에 따라 그 캐릭터를 좋아하는 사람들의 스타일이 다르다는 점에 주목했습니다. 그래서 그 공통점을 분석하고 굿즈 개발에 적용합니다.

'푹신푹신하고 부드러운 느낌이 좋아서', '쿨하면서도 귀여워서', '분홍색이 좋아서' 등 좋아하는 이유도 각양각색입니다. 다양한 취향에 맞게 상품을 개발하기 때문에 해당 캐릭터를 좋아하는 팬들의 마음을 사로잡는 상품이 만들어진 것입니다.

정체 찾기는 애초에 사람의 마음속에 있던 욕망을 밖으로 꺼내는 작업입니다. 따라서 이 공식을 활용하면 사람의 마음을 사로잡을 수밖에 없습니다. '맞아, 나는 이런 게 갖고 싶었어!', '이건 완전히

나를 위한 거야' 같은 감정을 느끼게 만들었다면 대성공입니다.

비교를 해야
숨은 마음이 보인다

정체는 어떻게 찾아야 할까요? 추천하는 방법은 '비교'입니다. 저는 배를 아주 좋아합니다. 실제로 배에는 다양한 품종이 있지만 저는 미각이 예민하지 않아서 어떤 배를 먹어도 비슷하게 느끼곤 했습니다. 그러다 하루는 배를 직접 수확하고 그 자리에서 여러 품종을 먹어 볼 수 있는 기회가 생겼습니다.

그때 저는 처음으로 품종에 따라 수분량, 단맛의 느낌, 식감 등의 차이가 극명하게 느껴졌습니다. 지금까지 그저 '배'라고만 인식했던 것들이 '행수', '신고', '풍수'로 구분됐고 제가 어떤 배를 좋아하는지도 확실히 알게 됐습니다. 스스로도 느끼지 못했던 점을 비교 덕분에 알게 된 것입니다.

앞서 언급한 산리오의 사례도 이와 비슷합니다. 단순히 특정 캐릭터를 좋아하는 팬들의 성향을 분석한 것이 아니라 다른 캐릭터를 좋아하는 팬과 비교함으로써 캐릭터마다 팬들의 성향이 어떻게 다른지가 분명히 드러났습니다.

　시리즈 누적 판매량이 80만 부를 넘어 큰 성공을 거둔《초보자를 위한 3,000엔 투자 생활》이라는 책이 있습니다. 이 책이 성공한 토대에도 정체 찾기가 있습니다. 일본인 중에 투자를 하고 있는 사람과 투자를 하고 있지 않은 사람의 특성을 비교함으로써 '일본인의 투자 정체성'을 가시화한 것입니다.

　저는 정체 찾기를 이용해서 다음과 같은 독자의 숨은 마음을 발견할 수 있었습니다.

'세대를 불문하고 돈에 대한 불안감이 크다.'

'투자에 흥미는 있지만 무섭다.'

'투자는 어려워 보이고 문턱이 높다.'

'돈은 좋아하지만 돈 문제를 생각하는 것은 싫다.'

　이 요소들을 감안해서 책을 만들면 많은 사람의 마음을 움직일 것이라는 가설을 세웠습니다. 그렇게 이 책은 베스트셀러가 되고 비즈니스 분야에서 연간 랭킹 1위를 차지했습니다.

기적의 생각 공식

숨은 마음을 파악하면
할 일이 간단해진다

정체 찾기는 이런 식으로도 활용할 수 있습니다. 영업자가 매출을 올리기 위한 대책을 생각할 때는 '영업'이라는 일의 본질부터 찾아야 합니다. 사람들이 어떤 이유로 상품이나 서비스를 구매하는지 '고객의 무의식'을 생각합니다. 그러면 이런 공식이 보이기 시작합니다.

- 영업=인간관계×상품력×가격×회사의 신용

이것은 어디까지나 저의 생각이므로 다른 정체가 나오는 경우도 있습니다. 하지만 정체를 파악하면 취해야 할 행동은 간단해집니다. 매출을 올리기 위한 방법을 '인간관계', '상품력', '가격', '회사의 신용'으로 나눠 생각하면 되는 것입니다.

'인간관계'는 고객과의 소통 방식을, '상품력'은 상품의 질을 높이거나 매력을 전달하는 방법을 고려하는 등 할 수 있는 일이 여러 가지입니다. '가격'이 경쟁 상품보다 비싸다면 그 가치를 설명할 수 있어야 합니다. 마지막으로 '회사의 신용'은 고객에게 잘 전해지지 않는 경우가 많아서 제대로 전달하기 위한 준비도 중요합니다.

정체 찾기는 마치 수수께끼를 푸는 듯한 재미가 있습니다. 이 과
정을 즐기면서 사람의 마음속에 숨은 무의식의 심리를 찾아내 보
세요.

매력적인 생각의 완성
'캐치프레이즈법'

설날 아침에 보는 해돋이는 왜 특별할까요? 해는 매일 뜨지만 한 해의 첫날에 뜨는 해라는 가치가 들어 있기 때문입니다. 이 가치를 '해돋이'라는 이름을 붙여 표현했습니다. 이름 그 자체로 캐치프레이즈가 되고 가치를 낳고 있는 것입니다.

'암영업'이라는 말은 연예인들이 소속사 몰래 일을 한다는 의미의 단어입니다. 그런데 현재는 그 이상의 부정적인 이미지가 생겨 꼭 연예인의 부정이 아니라도 '터무니없이 심각한 일'을 가리키는 말로 쓰이게 됐습니다.

이처럼 표현 하나로 이미지는 크게 달라집니다. 책의 제목도 마찬가지입니다. 《초보자를 위한 3,000엔 투자 생활》이 《3,000엔부터 할 수 있는 소액 투자 생활》로, 《의사가 고안한 장수 된장국》이 《의사가 제언! 건강을 위해 된장국을 먹자》로 출간됐다면 어땠을까요? 제목만 바뀌었을 뿐인데 책의 매력이 줄어든 것처럼 느껴집니다. 멋진 아이디어를 생각해도 전달 방식이 잘못되면 목적을 달성할 수 없습니다.

우리 주변에는 효과적으로 전달하는 데 실패한 케이스가 굉장히 많습니다. '가치를 알기 어렵다', '전달하는 포인트가 빗나갔다' 등 아쉬움이 남는 방식으로 전달하고 있는 것이죠.

언어를 저금하라

언어화란 머릿속에 있는 불확실한 생각에 윤곽을 만들고 해상도를 높이는 작업입니다. 캐치프레이즈법은 언어화된 것을 한층 더 매력적으로 표현하는 방법입니다. 즉, 머릿속에만 있는 생각을 '언어화'해서 윤곽을 만들고 '캐치프레이즈법'을 이용해 매력적으로 포장하는 것입니다. 언어화와 캐치프레이즈 모두 사고의 과정이며 특히 캐치프레이즈로 나타내면 사고의 가치가 높아집니다.

그럼 캐치프레이즈법은 어떻게 활용하면 좋을까요? 이는 프로 편집자나 카피라이터에게도 힘든 작업입니다. 하지만 그렇다고 프로가 아니면 할 수 없는 일도 아닙니다. 제가 추천하는 방법은 '언어 저금'입니다. 매일의 생활 속에서 만난 매력적인 문구, 마음을 울리는 명언, 흥미로운 말들을 노트나 스마트폰에 메모합니다. 그리고 생각할 때 그것을 곱씹습니다.

저는 이런 식으로 언어를 저금하고 있습니다.

- 신의 손

- 내장 과로

- 여름 스트레칭과 겨울 스트레칭

- 피로 달력, 피로 삼형제, 잠재 피로도

- 창조력의 방정식

- 어른의 ○○, 하이브리드 ○○

- 적(敵)은 습관과 망각

- ○○의 태풍, ○○ 힐링

- 초속 ○○

- 3대 ○○, ○○ 프로페셔널
- ○○ 벗어나기, ○○ 전문
- 내가 나이가 든다는 것
- 미루는 힘

지금 예로 든 것은 극히 일부입니다. 여기에서는 짧은 단어만 소개했는데, 짧은 단어뿐만 아니라 긴 문장까지 닥치는 대로 저장하고 있습니다. 그리고 뭔가를 생각할 때 들여다보면 제가 적어 둔 글자들이 다양한 힌트를 던져 줍니다.

이렇게 꾸준히 노트나 스마트폰에 적어 가면서 매력적인 단어나 문장을 고민하는 감각이 제 안에 들어오는 것도 언어 저금의 장점입니다. 언어 저금으로 캐치프레이즈를 만드는 힘을 길러 봅시다.

생각도
저금할 수
있다

'망각'은 뇌의 중요한 기능 중 하나입니다. 만약 우리가 모든 순간을 잊지 않고 기억하게 된다면 조금 오싹하지 않나요? 하지만 실제로 뇌는 너무 많은 정보가 쌓일 경우 비효율적으로 작동되기 때문에 적극적으로 기억을 잊어버리려고 합니다. 이것은 망각의 장점입니다.

망각에는 단점도 있습니다. 아무리 좋은 생각이 떠올라도 시간이 흐르면 대부분 잊게 된다는 점입니다. 그리고 또다시 0부터 생각해야 합니다. 이 역시 비효율적이죠. 그래서 저는 노트에 생각한 것을 저장하는데, 이것을 '생각 저금'이라고 부릅니다.

생각은 쌓여야만 큰 힘으로 발휘된다

저는 생각을 저금하기 위해 '바인더 노트'를 사용합니다. 바인더 노트는 한 장씩 빼거나 끼워 넣을 수 있는 노트입니다. 종종 과거에 적어 둔 메모를 이 노트에 옮겨 보관하기도 하는데, 그 덕분에 어려운 문제를 해결할 때 유용하게 쓴 적도 많습니다.

저는 어떤 것이든 전부 이 노트에 적고 있습니다. 아이디어를 생각할 때는 물론이고 궁금한 것이 생겼을 때, 그날의 일기, 일정 관리도 이 노트 하나로 해결합니다. 그렇지만 노트가 너무 무거워지면 불편하기 때문에 '휴대용 노트'와 '저축용 노트'를 따로 만들어 사용합니다.

장인은 노트에 기록한다

생각 저금은 하루아침에 늘어나지 않습니다. 내가 생각하고 기록한 것들만 축적되는 것입니다. 그리고 그 축적은 엄청난 힘으로 돌아옵니다.

요리사가 오랫동안 기록한 레시피 노트를 자신의 재산으로 여기듯이, 운동선수가 스스로 성찰한 것들을 꾸준히 노트에 적듯이 여러분도 노트를 펼치고 '생각 저금'을 지속해 보세요. 3년, 5년, 10년 후에 큰 재산이 될 것입니다.

5장

모든 아이디어는
노트에서 탄생한다

성공하는 사람들은
왜 노트를 쓸까?

만화가 우라사와 나오키 씨의 전시회장에서 작가의 자필 원고를 보고 크게 감동했던 기억이 있습니다. 회화든 만화든 최초의 모습은 흰 종이에 불과했지만 작가의 아이디어와 능력이 글과 그림으로 채워지면서 작품이 됩니다. 생각을 노트에 적는 것도 마찬가지입니다. 새하얀 종이에 적어 나간 생각이 업무 성과로 이어지거나, 다른 사람에게 기쁨을 주거나, 재미있는 일을 만들거나, 사회에 가치를 제공합니다. 생각만 해도 설레지 않나요?

그렇습니다. 뭔가를 생각한다는 것은 굉장한 일입니다. 그리고 그 생각을 낳기 위한 도구로 노트를 추천합니다. 저는 어렸을 때부터 노트에 기록하는 것을 아주 좋아했습니다. 수업 시간에 필기한 것도 나중에 저의 방식대로 다시 정리했습니다. 노트에 적는 행위는 마치 그림을 그리는 것과 같은 즐거움이 있었습니다.

정리 노트가 완성되면 굉장한 성취감을 느꼈습니다. 그래서 중학생 때 동생과 다투면서 소중하게 여긴 사회 노트가 찢어졌을 때의 충격은 아직까지도 생생합니다. 어렸을 때 동생과 자주 다퉜지만, 노트가 찢어진 사건은 지금도 잊을 수 없는 3대 싸움 중 하나입니다.

꿈을 현실로 만드는
가장 확실한 도구

노트는 당신의 두 번째 뇌입니다. 노트에 적다 보면 '생각하는 힘'이 길러지고 좋은 생각이 만들어집니다. 실제로 성공한 사람들의 대부분은 노트를 활용해서 꿈을 이루고 있습니다.

유명한 사례로 메이저 리그 선수 오타니 쇼헤이의 '만다라트 계획표'가 있습니다. 만다라트 계획표는 3×3 표 한가운데에 목표를 적고 목표를 달성하기 위해 필요한 요소를 적어 나가는 방식입니다. 그는 고등학교 시절에 이 계획표를 쓰면서 목표를 이뤄 나갔습니다. 축구 선수 혼다 케이스케와 나카무라 슌스케 역시 꾸준히 노트를 썼습니다. 유명한 경영자 중에도 노트를 적극적으로 이용해서 목표를 달성한 사람이 많습니다.

이들은 왜 노트를 쓰는 걸까요? 노트의 매력은 아주 많습니다. 지금부터 노트의 매력을 적어 나가 보겠습니다.

- 머릿속의 답답함을 꺼낼 수 있다.
- 그 답답함이 실은 단순한 문제였음을 깨닫는다.
- 생각이 정리된다.
- 목표를 이루기 위한 행동을 계획할 수 있다.
- 새로운 아이디어를 떠올릴 수 있다.
- 감정을 정리할 수 있다.
- 스스로를 다시 한번 들여다볼 수 있다.
- '혼자 하는 회의'를 할 수 있다.
- '사고 저금'을 할 수 있다.
- 우선순위가 확실해진다.

- 버려야 할 것이 확실해진다.

어떤가요? 그밖에도 매력은 더 많습니다. 요약하자면 노트에 생각을 적으면 '부감화, 가시화할 수 있다, 정리할 수 있다'는 점과 '메모한 아이디어를 축적할 수 있다'는 점으로 정리할 수 있습니다.

일이 재미없다고
말하는 당신에게
노트를 권한다

저는 축구를 매우 좋아합니다. 그래서 축구 경기를 직접 관람하기 위해 자주 경기장을 방문하는데, 시합을 보다 보면 이런 생각이 종종 튀어나옵니다.

'왜 그쪽에 패스를 하는 거야? 반대쪽이 비어 있잖아!'

하지만 제가 이렇게 생각할 수 있는 이유는 경기장이 전부 보이는 위치에서 시합을 보고 있기 때문입니다. 같은 경기를 보고 있더라도 직접 경기를 뛰고 있는 선수들의 시야와 저의 시야는 완전히 다릅니다. 선수들은 경기장 안에 있기 때문에 높은 위치에서 보는 사람에 비해 전체를 잘 보지 못합니다. 뛰어난 축구 선수는 '경기장에서도 시합을 위에서 내려다본다'고 하는데요. 부감할 수 있으면 보이지 않는 것이 보이기 마련입니다.

이는 '의외로 나는 나를 잘 모른다'는 말과 같은 원리라고 생각합니다. 우리는 스스로를 근시안적으로 바라봅니다. 따라서 자기 자신을 알고 싶을 때, 인생의 윤곽을 자세히 그리고 싶다면 노트 활용을 추천합니다.

적어야만 느낄 수 있는
유의미한 변화들

'최근 들어 모든 일이 재미없고 지루하다. 왜 그럴까?'

종종 이런 생각이 들 때가 있습니다. 이때 노트를 이용하면 분명 이런저런 원인들을 깨닫게 됩니다. 우선 최근 수개월간 자신이 기록해 온 수첩이나 일정 노트를 펼쳐 보세요. 그리고 그중에서 내가 재미있다고 생각한 것들을 골라냅니다. 아무리 모든 것이 지루해도 그중 조금이나마 흥미와 재미를 느꼈던 일이 몇 가지는 있을 것입니다.

골랐나요? 그렇다면 이번에는 노트를 펼쳐 그 일들을 적어 나갑니다. 그다음 적은 것들끼리 어떤 공통점이 있는지 찾아봅니다.

'새로운 것에 도전할 때 재미를 느낀다.'
'다른 사람과 시간을 보낼 때 즐겁다.'
'느긋하게 재충전할 때가 좋다.'

이런 식으로 찾아낸 공통점이 바로 당신의 인생을 즐겁게 만들어주는 시간입니다. 공통점을 찾았다면 앞으로 일정을 짤 때 이런 것들과 관련이 있는 일정을 의도적으로 추가해 보세요. 지루했던 일상이 조금씩 재미있는 날들로 채워질 것입니다.

사람의 감정은 매일 같을 수 없습니다. 3개월 전에 느낀 감정과 지금 느낀 감정은 같지 않습니다. 그러나 그 감정들을 부감하지 않으면 차이를 알아차리기 어렵습니다. 한동안 몸무게를 재지 않았더니 나도 모르는 사이 5킬로그램이 늘었다든지, 몇 년 만에 시력을 쟀더니 눈이 확 나빠진 것을 알게 된 경험과 비슷합니다. 매일의 작은 변화가 쌓여서 큰 변화가 됩니다. 노트는 이 작지만 유의미한 변화를 알아차리게 도와줍니다.

따라서 정기적으로 나의 생각과 감정을 노트에 적고 전체적으로 살펴보는 과정이 필요한 것입니다.

기적의 생각 공식

한 장에 모든 것을 정리하는
생각 노트 만드는 법

생각이 정리되지 않을 때, 머릿속이 답답할 때는 당신의 생각이 '부감화', '가시화'가 이뤄지지 않은 때입니다. 이런 상태에서 벗어나고 싶다면 꼭 노트를 사용해 보기 바랍니다. 지금부터 생각 노트를 만드는 방법을 소개하겠습니다.

기적의 생각 노트 만들기

1. 줄 노트와 무지 노트 중 하나를 고른다.
2. 한 페이지당 한 가지 주제를 적는다.

3. 페이지 한가운데에 목표를 적는다.

4. 현재 주어진 과제를 목표 주변에 생각나는 대로 적는다.

5. 3장과 4장에서 소개한 생각 공식을 사용해 과제 정리하기, 과제에 대해 '생각하기'를 실천해 나간다.

6. 노트에 적은 것 중에서 관련이 있는 것끼리 선으로 연결한다. 그로부터 깨달은 점도 계속 적어 나간다.

7. 특히 중요하다고 생각하는 부분을 형광펜으로 칠한다.

한 장으로 끝내는 '혼자 하는 회의'

한 장에 모든 것을 정리하면 해야 할 일이 보이기 시작하고 우선순위도 확실해집니다. 만약 한 장으로 정리되지 않는다면 요소가 너무 많기 때문일지도 모릅니다. 이럴 땐 우선순위가 낮은 것을 싹둑 잘라 내야 합니다.

생각 공식의 과정을 노트에 적어 나가면 여러 가지 생각 때문에 복잡했던 머릿속이 정리되고 결국 결론과 가설에 도달합니다. 이것이 바로 노트의 매력입니다. 저는 이 과정을 '혼자 하는 회의'라고 부릅니다. 이 회의는 노트와 펜만 있다면 언제 어디서나 할 수 있습니다.

한 가지 구체적인 예시를 들어 보겠습니다. 생각할 주제는 '사원의 이직률을 낮추는 방법'입니다. 우선 가운데에 목표를 적습니다. 목표는 '이직률 낮추기'입니다. 다음으로 책과 인터넷으로 조사한 자료를 토대로 해결해야 할 과제를 적습니다. 이때 장황하게 적지 말고 항목별로 핵심만 적습니다.

과제를 적었다면 이직률이 높은 회사의 '정체 찾기'를 해 나갑니다. 그럼 몇 가지 포인트를 발견할 수 있습니다. 이것들을 크게 나눠 보겠습니다.

- 일이 재미없다.
- 회사의 미래가 안 보인다.
- 급여나 처우에 불만이 있다.
- 인간관계 문제가 있다.

포인트를 찾았다면 이제부터 3장과 4장에서 배운 공식들을 활용합니다. '360도 분해법', '캐치프레이즈법', '있으면 좋을 텐데', '나의 것, 당신의 것, 사회의 것' 등 다양한 공식을 사용해서 이직률을 낮추기 위해 할 수 있는 구체적인 방안들을 적어 나갑니다. 이 과정을 거치면 문제를 해결하기 위해 할 일이 점점 명확해집니다. 이제 남은 건 실천뿐입니다.

생각 노트 예시

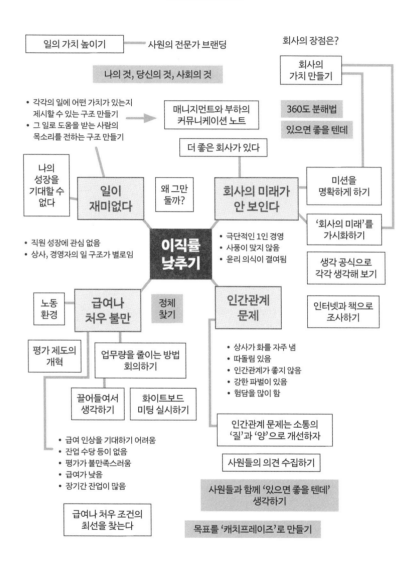

- 일의 가치 높이기 ── 사원의 전문가 브랜딩
- 나의 것, 당신의 것, 사회의 것
- 회사의 장점은?
- 회사의 가치 만들기

- 각각의 일에 어떤 가치가 있는지 제시할 수 있는 구조 만들기
- 그 일로 도움을 받는 사람의 목소리를 전하는 구조 만들기

- 매니지먼트와 부하의 커뮤니케이션 노트
- 더 좋은 회사가 있다

- 360도 분해법
- 있으면 좋을 텐데

- 나의 성장을 기대할 수 없다
- **일이 재미없다**
- 왜 그만 둘까?
- **회사의 미래가 안 보인다**
- 미션을 명확하게 하기

- 직원 성장에 관심 없음
- 상사, 경영자의 일 구조가 별로임

- **이직률 낮추기**

- 극단적인 1인 경영
- 사풍이 맞지 않음
- 윤리 의식이 결여됨

- '회사의 미래'를 가시화하기
- 생각 공식으로 각각 생각해 보기

- 노동 환경
- **급여나 처우 불만**
- 정체 찾기
- **인간관계 문제**
- 인터넷과 책으로 조사하기

- 평가 제도의 개혁
- 업무량을 줄이는 방법 회의하기

- 상사가 화를 자주 냄
- 따돌림 있음
- 인간관계가 좋지 않음
- 강한 파벌이 있음
- 험담을 많이 함

- 끌어들여서 생각하기
- 화이트보드 미팅 실시하기

- 급여 인상을 기대하기 어려움
- 잔업 수당 등이 없음
- 평가가 불만족스러움
- 급여가 낮음
- 장기간 잔업이 많음

- 인간관계 문제는 소통의 '질'과 '양'으로 개선하자
- 사원들의 의견 수집하기
- 사원들과 함께 '있으면 좋을 텐데' 생각하기

- 급여나 처우 조건의 최선을 찾는다

- 목표를 '캐치프레이즈'로 만들기

생산적인 회의를 원한다면
화이트보드를 쓴다

노트에 기록하는 것 외에 추천하고 싶은 방법은 화이트보드를 활용하는 것입니다. 회의를 할 때 참가자들의 생각의 기술을 최대한 이끌어 내기 위한 도구입니다. 화이트보드의 매력은 무엇보다도 회의 과정을 가시화할 수 있다는 점입니다.

영업부 회의를 예로 들어보겠습니다. 회의 주제는 '최근 떨어지고 있는 매출을 다시 올리는 방법'입니다. 화이트보드를 사용하지 않은 회의라면 이런 식으로 흘러가기 쉽습니다.

부장: 다들 최근에 매출이 떨어지고 있는데 그 원인이 뭐라고 생각합니까? 뭐든 좋으니 의견을 내 봅시다.

사원 A: 경쟁사가 공격적으로 마케팅을 하고 있어서 고객을 뺏기고 있습니다.

사원 B: 매출을 늘리려면 기존의 고객뿐만 아니라 신규 고객을 계속 찾아야 합니다.

사원 C: 신규 고객을 늘리기보다는 현재 우리의 고객부터 잡아야 하지 않을까요?

사원 B: 그래도 경쟁사가 새로운 고객을 뺏어서 매출을 올리고 있으니 저희도 같은 방식으로 나가야 해요.

부장: 그렇군요. 그럼 신규 고객을 늘려 보죠. 그런데 신규 고객을 어떻게 늘려 나가죠?

사원 A: 우선 텔레마케팅을 해 보면 어떨까요?

부장: 좋습니다. 그럼 텔레마케팅을 해 봅시다.

결국 매출을 늘리기 위해 텔레마케팅을 하기로 결정합니다. 어쩌다 떠오른 아이디어를 채택하고 말았죠. 이 회의가 바람직하지 않은 이유는 의식의 흐름대로 논의가 진행되고 있기 때문입니다. 텔레마케팅이 좋고 나쁘고를 떠나서, 이 회의는 의식적으로 생각을 넓히고 깊이를 더하는 과정이 빠졌습니다. 회의에서 중요한 것은 다양한 아이디어를 살펴본 뒤 최종적으로 무엇을 실행할지 선택하는 일입니다.

반면, 화이트보드를 사용하면 회의는 이렇게 됩니다.

부장: 오늘 회의 주제는 '매출 늘리기'입니다. 최근 매출이 떨어지고 있는 원인이 뭘까요? 뭐든 좋으니 의견을 내 주세요. 일단 매출이 떨어진 이유를 파악하고 싶으니 그 원인을 각자 생각나는 대로 이 화이트보드에 적어 보겠습니다.

이처럼 일단 과제의 원인을 다양하게 추측하는 작업을 합니다. 화이트보드에 적으면 모든 참가자의 의견을 한눈에 보면서 논의할 수 있습니다. 전체 상을 볼 수 있기 때문에 의식이 흘러가는 대로가 아니라 '목적을 달성하기 위한 방안'이 나오게 됩니다.

다음으로 적을 것은 목적을 달성하기 위해 필요한 요소입니다.

부장: 매출을 늘리기 위해 필요한 요소는 어떤 것이 있을까요? 광고 예산, 거래처 확장, 상품력 강화, 자료 리뉴얼 등등…. 우선 필요한 요소를 전부 이야기해 보죠.

이렇게 각각의 요소를 한눈에 보이게 적은 뒤 현재 상황을 인식하고 해결책을 생각해 나갑니다.

화이트보드 사용법을 다시 한번 정리하면, 먼저 처음에 '목적'을 적고 그다음으로 목적을 달성하기 위한 '과제'들을 적습니다. 그리고 이를 해결하는 '방법'들을 계속 적어 나가면서 구슬을 꿰듯이 사고의 폭을 넓힙니다.

이때 서기는 가능한 한 짧게 항목별로 적고 회의 진행을 방해하지 않도록 기록해야 합니다. 회의는 스포츠와 같기 때문에 리듬이 중요합니다. 좋은 리듬이 이어져도 기록하는 속도가 늦어져서 참가자들이 기다리는 일이 일어나선 안 됩니다.

또한 회의가 끝나고 사진으로 찍어 둔 뒤 나중에 다시 봤을 때도 내용을 쉽게 파악할 수 있도록 적어야 합니다.

이런 식으로 회의를 진행한다면 '누락'이나 '부분적으로 논의' 같은 문제점들을 해결할 수 있고 더 효율적으로 결과를 낼 수 있습니다.

열정적으로 살라는 말에 현혹되지 않는다

최근 이런 말이 자주 들려옵니다.

'AI에게 일자리를 뺏기지 않으려면 자신이 좋아하는 일을 하는 것이 중요하다.'

'일에 미쳐라!'

분명 좋아하는 일을 찾고 열정적으로 일하는 사람들이 이 시대에 혁신을 일으킬 것입니다. 하지만 모두가 그렇게 살아야 하느냐고

묻는다면 저는 아니라고 말하고 싶습니다.

저에게는 두 살 어린 남동생이 있습니다. 동생은 중학생 때 처음 서핑을 시작해서 곧 50을 바라보는 지금까지도 열정적으로 서핑을 즐깁니다. 그런 동생을 보면서 저는 이런 생각을 합니다.

'열정은 누가 강요해서 생기는 마음이 아니라 나도 모르게 이미 하고 있는 것이다.'

그것 없이는 살 수 없고, 자연스럽게 솟아오르는 감정이 바로 열정입니다. 열정은 만들고 싶다고 만들 수 있는 마음이 아닙니다. 그런 이유로 저는 '열정적으로 일하는 사람'은 특별한 사람이고 '나 같은 평범한 사람은 하기 어렵다'고 생각해 왔습니다. 물론 열정을 향한 동경은 있습니다. 그래서 어떻게 열정을 가질 수 있을지 고민하며 여러 가지를 시도해 왔지만 쉽지 않았습니다. 도중에 의욕을 잃기도 했고 싫증이 나기도 했습니다. 결국 열정은 만드는 게 아니라 솟아오르는 마음임을 깨달았죠.

그렇다면 타고난 열정이 없는 평범한 사람은 어떻게 살아가는 게 좋을까요? 자신의 일에 열정적인 사람을 닮아 갈 수는 없을까요?

이런 생각을 하던 중, 문득 평범한 사람에게도 강점이 있음을 깨달았습니다. 평범한 사람의 강점은 바로 세상의 대부분의 사람이 평범하다는 점에 있습니다. 일본인이 미국인보다 일본인의 심정을 더 쉽게 이해하고 상상할 수 있는 것처럼, 평범한 사람이 평범한 사람의 마음을 더 잘 이해할 수 있습니다.

이런 깨달음을 얻자 더는 저에게 없는 것을 부러워하지 않고 제 안에 있는 무기를 갈고닦기로 마음먹었습니다. 그 결과, 제가 이끌어 낸 것이 바로 '생각의 기술'입니다. 이것은 평범한 사람인 제가 갈고닦은 무기이자, 누구나 가질 수 있는 무기입니다.

"당신의 꿈은 무엇입니까?"

지금까지 이런 질문을 수없이 받아 오며 늘 위화감을 느꼈습니다. 여기서 말하는 꿈의 의미는 '무엇이 하고 싶은가'입니다. 사실 저는 그렇게까지 하고 싶은 일이 없었습니다. 도서 편집자라는 직업을 고른 계기도 이 일이 간절해서가 아니라 그저 재미있어 보였기 때문입니다.

특별히 되고 싶은 것은 없었지만 '어떤 인생을 살고 싶은지'의 그림은 갖고 있었습니다. 저는 즐겁고 재미있는 인생을 살고 싶었습

기적의 생각 공식

니다. 에도 시대의 사무라이 다카스기 신사쿠가 남긴 "재미없는 세상을 재미있게"라는 말을 좋아합니다. 재미있게 사는 것은 마음먹기에 달렸습니다. 저는 즐거운 삶을 살기 위해 이 직업을 선택했고, 덕분에 아주 즐겁게 살아가고 있습니다. 그러니 '무엇을 하고 싶은지' 모르겠다면, '어떤 인생을 살고 싶은지'를 생각하는 삶도 꽤 멋지다고 생각합니다.

6장

인생이
기적처럼 변하는
작은 생각 습관

논리적인 가설도
통하지 않을 때가 있다

지금까지 저는 수많은 책을 만들어 왔습니다. 많은 독자의 선택을 받은 책도 있고 안타깝지만 많은 독자에게 읽히지 못한 책, 독자를 사로잡는 데 실패한 책도 있습니다. 책이 잘 팔리지 않은 이유는 여러 가지가 있겠지만, 제 머릿속의 가설을 눈에 보이는 형태로 만들어 실제로 출판했을 때 생각만큼 사람들의 마음을 사로잡지 못했다는 점도 그 원인 중 하나입니다. 사람들과 나는 머리로 생각하는 것, 느끼는 것, 가슴으로 생각하는 것이 다르다는 전제를 잊고 편견과 정론으로 쌓아 올린 가설로 책을 만들었기 때문이죠.

편견은 큰 오류를 낳는 원인이 될 때가 있습니다. 예를 들어 저희는 영어 학습에 관한 책을 많이 출판하고 있는데, '영어 회화'를 주제로 책을 기획했을 때 만드는 사람이 저지르기 쉬운 오류는 이런 가설을 세워 버리는 것입니다.

"영어 회화 책이니까 해외여행을 가려는 사람, 비즈니스 영어를 쓰는 사람이 사겠지. 그런 사람들을 타깃으로 기획해 보자."

분명 틀린 말은 아닙니다. 영어를 배우려는 목적을 조사해 보면 '해외여행'이나 '일에서 활용하기 위함'이 상위를 차지합니다. 그런데 가설이 논리적으로 술술 결정됐을 때일수록 멈춰 서서 다시 생각할 필요가 있습니다. 이때의 '생각'은 '의심'으로 바꿀 수 있습니다. 예를 들어 영어를 배우는 한 명 한 명의 의견을 찬찬히 들어 보면 다음과 같은 목소리가 들려오기도 합니다.

"영어 공부를 하면 왠지 제 자신이 성장하고 있는 느낌이 들어서 좋아요."
"아무리 나이가 들어도 뭔가를 배운다는 것은 중요하죠. 영어 공부가 취미가 됐는데, 이번에는 해외에서 직접 영어를 써 보고 싶어서 미국 여행을 가기로 했어요."

"학교 다닐 때 영어를 잘 못해서 성인이 되고 나서 재도전하고 있어요."

수치나 편견만으로는 알 수 없는 다양한 목소리들입니다. 책을 만들 땐 이런 목소리를 놓치지 않는 것이 매우 중요합니다. 다양한 목소리를 염두에 둔다면 영어 회화 책에서 '즐거움'이나 '성취감'을 느낄 수 있도록 만들거나, '영어는 이럴 때도 쓸 수 있다'고 제안하는 등 다양한 시도를 할 수 있습니다.

회의 후에는
혼자 정리하는 시간을 갖는다

아무래도 혼자 생각하는 데에는 한계가 있습니다. 그래서 다른 사람의 의견을 귀담아듣거나 함께 논의하는 과정은 생각할 때 큰 도움이 됩니다. 이때 중요한 점이 있습니다. 다른 사람의 의견을 듣거나 회의를 한 후에는 혼자서 주고받은 의견을 펼쳐 놓고 마주하는 시간을 갖는 것입니다.

일을 하다 보면 회의에서 내린 결론을 검증하지도 않고 그대로 진행할 때가 많습니다. 하지만 이것은 너무 위험합니다. 때론 논리적인 가설이 틀릴 때가 있는 것처럼 말이죠.

회의를 할 당시에는 옳다고 생각했어도 이는 여러 가지 의견이 쏟아진 그 '순간'의 생각입니다. 회의는 생각을 넓히고 싶을 때는 효과적이지만, 생각에 깊이를 더하려면 혼자 주제를 파고드는 시간이 필요합니다. 이 양날의 검에 유의하면 생각의 기술을 자유자재로 다룰 수 있는 '사고의 달인'이 될 수 있을 것입니다.

기적의 생각 공식

원조도 열어 보면
'모방×모방×모방'이다

모방은 부정적인 의미로 사용될 때가 많지만 저는 굉장히 가치 있는 행위라고 생각합니다. 오해의 소지가 있어 말씀드리면, 물론 똑같이 베끼는 것은 옳지 않다고 생각합니다. 그렇지만 애초에 세상에 오리지널은 존재하지 않는다는 말도 있습니다. 오리지널을 분해하면 이렇게 되는 경우가 종종 있습니다.

- 오리지널=모방×모방×모방

모방의 횟수가 많으면 많을수록 오리지널리티가 높아집니다. 용하기로 유명한 어느 점술가가 인터뷰에서 이런 이야기를 했습니다. 그가 세상에 수없이 많은 점법을 실제로 점처 보니 맞는 부분도 있고 틀린 부분도 있었다고 합니다. 그래서 잘 맞는 부분을 조합해서 자신만의 점을 만들었더니 점괘가 굉장히 잘 맞아떨어졌다고 합니다. 이렇게 되면 이 점은 완전히 그 점술가만의 오리지널이 됩니다.

좋은 점들을 조합하면 나만의 노하우가 된다

'배우다'의 어원이 '흉내 내다'라는 가설이 있습니다. 뭔가를 학습하기 위해서는 우선 흉내를 내야 한다는 것이죠. 생각해 보면 아이들은 흉내를 내서 모국어를 익힙니다. 가령 영어권에서 자란 아이가 영어를 금세 익히는 것은 자연스럽게 흉내를 내기 때문입니다.

흉내의 중요성을 안다면 이런 문제도 금세 해결할 수 있을 것 같습니다. 한번은 매출 때문에 고민하는 음식점의 주인과 이야기를 나눈 적이 있습니다. 저는 손님을 늘리고 싶은 주인에게 "유명한 가게를 돌아다니면서 인기 메뉴를 직접 먹어 보고 그걸 흉내 내 보면 어떨까요?"라고 제안했습니다. 그저 똑같이 따라 하는 게 아니라 본받을 점들을 조합하면 사장님만의 노하우가 될 거라는 말을 덧붙였습니다.

하지만 그의 대답은 "바빠서 시간이 없어요"였습니다. 가게를 둘러보니 그렇게까지 바빠 보이지는 않았습니다. 그저 흉내 내는 것을 부정적으로 여겨서 변명을 한 것 같았습니다. 하지만 그 음식점의 주인은 젊었을 때 유명한 가게에서 수련한 적이 있다고 했습니다. 그렇다면 분명 그곳에서 사수의 기술을 흉내 냈을 텐데 말이죠.

사실 이와 비슷한 이야기는 굉장히 많습니다. 제가 베스트셀러를 만들고 싶다고 생각했을 때 했던 행동 중 하나가 베스트셀러를 낸 사람에게 직접 이야기를 들으러 가는 것이었습니다. 경험자의 생생한 목소리를 듣고 제가 몰랐던 노하우들을 정말 많이 배웠습니다.

물론 누군가는 '그런 것은 배울 수 있는 것이 아니'라며 거절하기도 했지만 그럼에도 저는 포기하지 않고 여기저기에 물으러 다녔습니다. 그렇게 여러 사람에게 배운 것들을 흉내 내다 보니 하나둘 좋은 결과가 만들어졌습니다.

머릿속을 흉내 낼 때는
메소드 연기를 하듯이

다른 사람의 머릿속을 흉내 내는 방법도 있습니다. 바로 '역할극 사고법'입니다. 이것은 어떤 사람의 머릿속을 흉내 내서 생각하는 방법입니다. 사람은 제각각 사고의 버릇이 있습니다. 자신의 버릇에 갇히지 않으려면 다른 사람의 사고방식을 흉내 내는 방법이 효과적입니다. 흉내 내는 방법은 다양합니다.

- 말투를 흉내 내 본다.
- 습관을 흉내 내 본다.
- 외모를 흉내 내 본다.
- 일을 진행하는 방식을 흉내 내 본다.
- 사고방식을 흉내 내 본다.

배우가 드라마를 촬영하면서 연인 역할을 맡은 상대방을 정말 좋아하게 된다는 이야기, 들어 본 적 있을 것입니다. 그리고 드라마가 끝나면 그 감정도 서서히 사라지죠. 이는 배우의 뇌가 그 역할을 완벽하게 소화했기 때문입니다.

생각할 때도 역할극을 해 보면 상상도 못한 아이디어가 튀어나올 수 있습니다. 예를 들어 '내가 만약 대기업의 CEO였다면 어떻게 생각했을까?' 하며 해결책을 강구하는 것입니다. 정말로 그 사람이 될 수는 없겠지만 그의 저서나 인터뷰를 읽고 사고방식을 어느 정도 이해했다면 효과는 충분합니다.

착해 빠진 사람의
사고는 이류다

생각의 기술을 익히고 싶다면 의심하고 딴지를 거는 태도가 도움이 됩니다. 마치 사건을 해결하는 형사처럼 생각하는 것이죠. 저는 이것을 '나쁜 사람 시점'이라고 부릅니다. 하지만 자칫 잘못하면 성격이 나쁜 사람처럼 보일 수 있기 때문에 사용할 때 주의가 필요합니다.

왜 나쁜 사람 시점이 필요할까요? 좋은 사람 눈에는 기본적으로 모든 것이 좋아 보이기 때문입니다. 물론 이런 태도가 중요한 순간도 있습니다. 집에서 배우자가 만들어 준 밥이 별로 맛이 없더라도

'맛있다'고 말하는 것은 가정의 평화를 유지하기 위해 필요할지도 모릅니다. 하지만 특히 문제를 해결하기 위한 '생각'을 해야 할 때는 '좋은 사람 시점'이 생각하지 않는 것과 다를 바가 없는 경우가 있습니다.

의심할수록
품질이 좋아진다

편집자로서 책을 만드는 일을 하다 보면 하루에도 몇 번씩 판단을 해야 하는 상황이 찾아옵니다.

예를 들어 책의 원고를 검토할 때가 그렇습니다. 좋은 사람 시점으로 원고를 읽으면 원고는 그냥 '좋은 원고', '재미있는 원고'가 됩니다. 제가 한 명의 독자로서 책을 읽고 있다면 아무 문제가 없지만 좋은 책을 만들어 내야 하는 프로 편집자로서는 실격입니다.

편집자의 일은 그저 책을 만드는 것이 아니라 가치 있는 책을 만드는 것입니다. 저는 가능한 한 재미있고 읽는 사람에게 도움이 되는 책을 만들고 싶습니다. 그러려면 원고에 딴지를 거는 나쁜 사람 시점이 꼭 필요합니다.

'이대로 출간해도 정말 재미있을까?'
'더 재미있는 원고로 만들 순 없을까?'
'이 문장 표현, 이해하기 쉬울까?'
'읽는 사람을 더 가슴 뛰게 하는 문장으로 바꿀 수 없을까?'

이런 점들을 요리조리 궁리하고, 문장을 의심하고, 딴지 걸기를 반복합니다.

자주 사용하는 말에 거짓말이 숨어 있다

다른 사람과 대화를 할 때에도 종종 나쁜 사람 시점이 필요합니다. 왜냐하면 말은 때때로 거짓말을 만들기 때문입니다. 정확하게 이야기하면 말을 하는 당사자는 거짓말을 할 의도가 없었지만 말 자체가 정확하지 않은 경우입니다.

예를 들어 '차별화'라는 말이 그렇습니다. 저는 업무 현장에서 자주 쓰는 말이기도 한 이 '차별화'라는 말에 종종 거짓말이 숨어 있다고 생각합니다. 차별화란 다른 것과의 차이를 명확하고 두드러지게 만드는 것을 말합니다. 상품의 차별화는 경쟁 상품과의 차이를 분명하게 하는 것입니다. 이때 대전제는 '고객은 우리 상품을 구매할 때 다른 유사 상품과 비교하고 검토해서 가장 좋은 것을 구매한다'는 행동입니다. 하지만 실제로도 그럴까요?

책을 예로 생각해 보겠습니다. 책을 기획할 때 '차별화가 필요하다'는 말의 전제는 '고객은 책을 살 때 다른 경쟁 도서와 우리의 책을 음미하고 비교해서 산다'입니다. 여기서 머릿속에 물음표가 떠오릅니다.

'우리가 만든 책은 팔리고, 그 주변에 놓인 유사한 책은 잘 팔리지 않는 이유는 뭘까?'

물론 저희는 책을 최고의 상품으로 만들기 위해 노력하고 있습니다. 그렇다고 유사 도서의 퀄리티가 그렇게 떨어지는가 하면 그렇지 않은 경우도 있습니다. 그런데도 저희의 상품만 팔릴 때 이런 의문이 고개를 듭니다.

'정말로 고객은 이것저것 음미하고 비교해서 구매하는 걸까?'

그래서 책의 판매 현장인 서점에 직접 관찰을 하러 갔습니다. 여러 번 관찰한 결과 실제로 독자가 책을 구입하기까지 취하는 행동은 다양했습니다.

책끼리 충분히 비교한 후 구매하는 독자도 있었지만 대개는 그렇게까지 꼼꼼하게 살피지 않았습니다. 별생각 없이 들고 잠깐 읽은 후 그 길로 계산대로 가져가 구매하거나, 다시 제자리에 놓고 자리를 떠나는 독자들도 있었습니다.

그렇습니다. 안타깝게도 독자들은 별로 음미하지 않았던 것입니다. 물론 책의 분야에 따라 독자의 행동에는 차이가 있고, 인터넷 서점에서 책을 사는 경우는 또 다를 수 있습니다. 이렇게 생각하면 이런 결론이 나옵니다.

'그저 차별화가 필요한 게 아니라, 차별화가 필요한 경우와 필요하지 않은 경우가 있다.'

하지만 사람들은 '차별화'라는 말을 이렇게까지 세세하게 생각하지 않고 사용할 때가 많습니다. 문득 떠오른 생각이나 잘못된 생각

기적의 생각 공식

을 토대로 행동하지 않으려면 의심하고 딴지를 거는 나쁜 사람 시점이 필요합니다. 최선의 선택을 하기 위해서라도 생각을 할 땐 일부러 나쁜 사람이 돼 주세요.

때론 남의 머리를
빌려 써야 한다

오랜만에 또 문제를 내겠습니다.

문제: A 씨는 40대 남성이다. 회사 상사에게 새로운 상품을 기획해
달라는 요청을 받았다. 기획 내용은 '여고생의 인기를 끌 수
있는 새로운 음료 개발'이다. 그러나 A 씨는 지금까지 60대
이상을 타깃으로 한 기획을 해 왔고 평소에 여고생과의 접점
은 전혀 없었다. 어찌 할 바를 모르는 A 씨가 이 상황을 어떻
게 헤쳐 나가면 좋을까?

기적의 생각 공식

정답: 여고생의 생각, 유행, 동향에 빠삭한 사람에게 도움을 구하는

등 그 분야를 잘 아는 사람이 머리를 쓰게 만든다.

'어? 답이 이렇게나 간단하다고?'라고 생각한 분도 있을 것입니
다. 하지만 실제로 이런 당연한 답을 찾지 못할 때가 있습니다.

카레 가루 없이
카레를 만들려는 자의 최후

혹시 주변에 일을 열심히 하기는 하는데, 해결책을 못 찾아서 시
간만 흘려보내는 사람이 있지 않나요? 아이들 중에서도 어떤 한 가
지 문제에 가로막히면 끙끙 앓으면서 진도를 나가지 못하는 아이
가 있습니다. 이들은 왜 노력에 비해 결과는 부실한 걸까요?

두 경우 모두 구조는 동일합니다. 내 머릿속에는 답을 내기 위한
재료가 부족한데 답을 내려는 것입니다. 마치 카레 가루도 없이 카
레를 만들려고 고군분투하는 느낌입니다.

제가 지금 이 자리에서 10대 여학생들 사이에서 유행할 법한 기

획을 요청받는다면 완벽하게 해낼 자신이 없습니다. 왜냐하면 제 머릿속에는 아무런 정보가 없기 때문입니다.

이럴 땐 어렵게 생각하지 말고 다른 사람의 머리를 빌려 쓰는 것이 가장 좋습니다. 그 분야를 잘 아는 사람, 성공한 경험이 있는 사람에게 의견을 구할 수도 있고 그 사람을 프로젝트에 직접 참여하게 만들 수도 있습니다. 요점은 다른 사람의 머리를 빌려 쓴다는 것입니다.

내가 잘 알지 못하는 일, 경험이 없는 일처럼 정보가 부족한 새로운 일에 도전할 때 다른 사람의 머리를 빌려 쓰면 가장 효율적으로 일을 진행할 수 있습니다.

다른 사람의 머리를 빌려 쓰는 것의 대표적인 예가 바로 회의입니다. 회의는 보고를 받거나 의견을 대조하고 조정하는 장이기도 하지만 저는 여기서 더 나아가 회의의 가장 큰 목적을 이렇게 정의합니다.

'다른 사람의 머리를 빌려서 목적을 향해 함께 나아가고 가치를 창조하는 것.'

기적의 생각 공식

5장에서 소개한 '화이트보드 활용하기'는 다른 사람의 머리를 빌려 쓸 때에도 유용합니다. 꼭 실천해 보시기 바랍니다.

생각하는 시간을
일정에 추가한다

저는 수첩 일정표에 '혼자 생각하는 시간'을 꼭 확보해 둡니다. 회의 일정과 마찬가지로 생각하는 시간을 하나의 일정으로 추가하는 것입니다. 이때 단순히 생각하는 시간이라고 적지 않습니다. '기획을 생각하는 시간', '홍보를 생각하는 시간', '인사 평가를 생각하는 시간' 등과 같이 가능한 한 '어떤 생각'을 하는 시간인지 구체적으로 적습니다. 시간은 보통 30분에서 1시간 정도를 할당합니다.

그 밖에도 일주일에 한 번은 '생각하는 날'을 마련해서 그날만큼은 생각하는 데 집중하는 날로 삼습니다. 하루를 비우기 어렵다면

각자의 일정에 맞춰 생각하는 시간을 만들어 보세요. 30분이라도
좋습니다.

중요하지만
긴급하지 않은 일에 주의하라

'중요도와 긴급도의 좌표축'을 알고 있나요? 세로축을 중요도, 가
로축을 긴급도로 설정하고 네 가지 영역으로 나눈 좌표입니다.

그림을 보면 A는 중요도도 높고 긴급도도 높기 때문에 가장 우선
해야 하는 사항에 해당합니다.

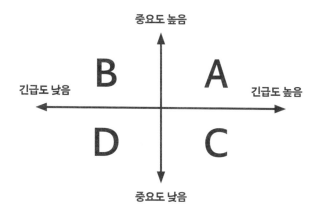

A 다음으로 많은 사람이 시간을 자주 할애하는 영역은 C입니다. 중요도가 낮지만 긴급도가 높은 영역입니다.

반대로 중요도는 높지만 긴급도가 낮은 B 영역은 시간을 내지 못할 때가 많습니다. 이런 식으로 시간을 사용하면 일은 바쁜데 정작 자신이 하고 싶은 일은 하지 못하게 됩니다.

스케줄은 '긴급도가 높은 일'이나 '업무 상대가 누구인지' 등의 형편에 따라 순서대로 채워지기 마련입니다. 그러다 보면 중요도는 높지만 긴급도가 낮은 B에 할애할 시간이 적어지게 됩니다. 이런 불균형한 상황을 피할 수 있는 방법이 바로 '생각하는 시간'을 확보하는 것입니다.

너무 바쁜 나머지 생각하는 시간을 확보하지 못하면 점점 지쳐가거나 매너리즘에 빠질 가능성도 있습니다. 생각하기 위해서는 일단 생각할 시간을 확보해야 합니다.

어쨌든 더 많이
생각하는 사람이 이긴다

인기 있는 방송 프로그램을 여러 편 제작한 유명 텔레비전 프로 듀서를 인터뷰했을 때의 일입니다. 제가 "많은 사람에게 사랑받는 프로그램을 연이어 만들 수 있었던 비결이 무엇인가요?"라고 묻자 곧바로 이런 대답이 돌아왔습니다.

"생각하는 시간이 어쨌든 길기 때문이죠."

천재라고 불리는 사람이었기 때문에 뜻밖의 대답에 놀랐습니다.

또 한번은 수많은 히트곡을 만든 유명한 음악 프로듀서에게도 "어떻게 그렇게 많은 곡을 히트시킬 수 있었나요?"라는 질문을 던졌습니다. 그러자 그 역시 망설이지 않고 대답했습니다.

"물속에 잠수해서 숨을 참고 계속 견디고 있거든요."

조금 추상적인 표현이지만 다시 말해 '생각하고 또 생각하고, 버티고 또 버텨서 최고의 곡을 만든다'는 뜻으로 해석할 수 있습니다. 이처럼 성공한 사람들은 훌륭한 성과를 내기 위한 요령을 '시간을 들여 끊임없이 생각하는 것'이라고 답하고 있습니다.

생각도 할수록
가속이 붙는다

생각하는 기술을 활용하면 '생각하는 속도', '가설을 낳는 속도'가 이전보다 훨씬 빨라집니다. 다만, 그 이상의 번뜩이는 아이디어를 떠올리기 위해서는 생각하는 시간이 필요합니다. 야구의 배팅 이론을 잘 안다고 누구나 히트와 홈런을 칠 수 있는 것은 아닙니다.

기적의 생각 공식

이론을 머리와 몸에 새기고 연습을 거듭해야 훌륭한 타자가 되는 것입니다.

생각도 마찬가지입니다. 생각 공식을 기본으로 많은 시간을 투자해서 몸소 실천해야만 좋은 생각을 떠올릴 수 있습니다. 결국 문제를 해결하는 '생각의 방정식'은 다음과 같습니다.

- 결과=생각하는 기술×생각하는 시간×행동

참고로 꾸준히 생각하다 보면 점점 생각하는 일이 즐거워집니다. 따라서 오래 생각하면 지겹다는 말은 편견입니다. 생각하는 시간이 축적되면 반드시 당신에게 큰 힘으로 돌아올 것입니다.

보이지 않는 시간이 쌓여서 고수의 실력이 만들어진다

'축적'에 관한 유명한 일화가 있습니다. 바로 그 유명한 피카소의 이야기입니다. 피카소가 어느 날 거리를 걷고 있는데 누군가가 팬이라며 말을 걸어 왔습니다. 그는 피카소에게 "이 종이에 그림을 그려 주시겠어요?" 하고 물었다고 합니다. 피카소는 요청에 응했고 그 자리에서 그림을 그려 준 뒤 이렇게 말했다고 합니다.

"이 그림의 값은 1만 달러입니다."

그 말을 들은 팬은 크게 놀랐습니다. 그리고 "당신은 이 그림을 그리는 데 30초밖에 걸리지 않았잖아요"라고 말했죠. 그러자 피카소는 쓴웃음을 지으며 이렇게 대답했다고 합니다.

"그렇지 않습니다. 30년 하고 30초가 걸린 것이죠."

피카소가 그림을 그린 물리적인 시간은 30초에 불과하지만 그의 그림은 30년 동안 축적된 기술로 만들어진 셈입니다. 이처럼 축적의 힘은 강력합니다.

물론 아무렇게나 시간을 써도 좋다는 뜻은 아닙니다. 의미 있는 시간이 쌓여야만 큰 가치가 됩니다. 오늘은 무엇을 생각하고, 내일은 무엇을 생각할지 고민하며 당신의 사고력을 점점 쌓아 나가는 것입니다.

생각할 때 중요한 것은 그 자체를 즐기면서 마음이 편안해야 한다는 점입니다. 뇌를 즐겁게 하고 긴장을 풀면 더 좋은 생각을 할 수 있을 것입니다.

생각이 태어나는 장소
'싱킹 플레이스' 만들기

회의를 싫어하는 사람은 많습니다. 그렇다면 왜 회의를 싫어하는 걸까요? 아마 이런 이유들 때문일 것입니다.

'단순한 보고회 같아서 내가 그곳에 있는 의미를 알 수가 없다.'

'내 목소리를 내기 어려운 분위기이고, 결국 목소리가 큰 사람만 발언한다.'

'회의의 목적이 불확실하고, 회의하기를 좋아하는 상사의 비위를 맞추는 것 같다.'

분명 이런 회의라면 참석하고 싶지 않겠죠. 저는 회의를 좋아합니다. 저에게 회의는 일종의 스포츠와 비슷합니다. '생각 스포츠' 같은 느낌이죠. 특히 제가 좋아하는 축구를 회의에 대입해서 생각하고 있습니다. 회의에 참가한 사람은 모두 경기를 뛰는 선수입니다. '의견'이라는 패스를 서로 주고받으며 골을 노립니다. 진짜 경기를 하듯 전력으로 회의에 임하기 때문에 회의가 끝나면 뇌가 기진맥진할 정도입니다.

방식만 바꿔도 회의는 혁신의 장소가 된다

회의에서는 혁신이나 새로운 아이디어가 나오기 힘들다고들 하는데 정말 그럴까요? 저는 회의를 하는 방식에 모든 것이 달려 있다고 생각합니다. 회의에서도 얼마든지 혁신적인 아이디어가 나올 수 있습니다.

반대로, 저는 회사 책상에 앉아 있을 때 아이디어가 전혀 나오지 않습니다. 저에게 책상은 사무를 처리하기에는 적합하지만 생각하는 일, 창의적인 일을 하기에는 적합하지 않은 장소입니다.

내가 잘 생각할 수 있는 장소, 즉 '싱킹 플레이스'를 만드는 것은 중요합니다. 참고로 저에게 잘 맞는 싱킹 플레이스는 총 다음 7곳입니다.

- 지하철 안
- 욕조 안
- 카페
- 산책 길
- 달리기를 하는 동안
- 서재
- 회의 시간

제가 싱킹 플레이스라고 명명한 데에는 이유가 있습니다. 스마트폰이 없던 시대에는 일상생활에 자투리 시간이 굉장히 많았기 때문에 그 시간을 생각하는 시간으로 삼기 쉬웠습니다. 하지만 스마트폰이 보급된 후에는 자투리 시간을 대부분 스마트폰에 쓰는 사람이 많습니다.

지하철 안에서도, 카페에서도 다들 스마트폰만 들여다봅니다. 심지어 회의 시간에도 집중하지 못하고 스마트폰을 보는 사람이 있죠. 이렇게 되면 생각하는 시간을 확보하기가 어렵습니다. 그러므로 싱킹 플레이스라고 이름을 붙인 뒤 의식적으로 생각할 장소를 확보해야 합니다.

예부터 문장을 생각하기에 좋은 최적의 장소는 삼상(三上, 말 위, 베개 위, 변기 위)이라고 했습니다. 지금으로 치면 지하철 안, 이불 속, 화장실 안이라고 할 수 있겠죠. 이곳이 생각에 집중할 수 있는 장소입니다. 그러니까 결국 싱킹 플레이스는 옛날부터 존재했던 개념인 것입니다.

생각도
스포츠처럼
훈련이 필요하다

뛰어난 스포츠 선수는 연습량이 어마어마하다고 합니다. 스포츠 세계와 마찬가지로 생각의 기술을 몸에 익히기 위해서도 생각하는 연습, 즉 '사고 연습'이 중요합니다.

저는 사고 연습을 좋아합니다. 집 근처에 있는 약국에서 늘 나오는 테마송을 새롭게 작사 및 작곡하거나, 좋아하는 목욕탕이 더 잘되기 위한 방법을 생각하거나, 지하철에 걸린 광고에 딴지를 걸면서 더 좋은 카피를 만들어 보거나, 레스토랑의 메뉴에 새로운 이름을 붙여 보는 등 일상생활에서 늘 생각하는 연습을 하고 있습니다.

물론 누군가에게 부탁받은 일이 아니라서 제 마음이 가는 대로 하고 있지만 저는 이 연습이 매우 즐겁습니다. 제가 만든 약국의 테마송은 저만의 비밀스러운 작품이고 약국에서 흘러나오는 곡보다 만족스럽습니다.

생각 연습은 구체적일수록 좋다

사고 연습을 할 땐 반드시 구체적인 해답을 생각해야 합니다. 이를테면 텔레비전 광고를 보다가도 '이 광고는 왠지 잘 와닿지 않네'라는 생각이 들 때가 있습니다. 이때 어디를 어떻게 수정해야 잘 와닿게 될지 그 해답을 구체적으로 생각해야 하죠. '왠지'에서 끝나지 않는 것이 핵심입니다. 그리고 그 내용을 노트에 적고 저금합니다. 앞서 이야기한 '사고 저금'이죠.

일상의 모든 것을 기획하라

레스토랑은 생각하는 연습을 하기에 딱 좋은 장소입니다. 점원의 서비스는 어떤지, 메뉴는 어떤지, 가게의 인테리어나 외관은 어떤지, 요리는 어떤지 등등 생각할 것이 정말 많습니다.

슈퍼마켓도 꽤 좋은 연습 장소입니다. 이 상품의 이름은 매력적이라든가, 이 상품은 사고 싶은 마음이 들지 않는다든가, 이 진열

방식은 좋아 보인다든가 등등 생각할 것들이 수없이 많습니다.

일상의 문제를 해결하는 사람이 회사 일도 잘한다

이렇게 생각하는 연습을 해 두면 다양한 문제 상황에서 도움이 될 것입니다. 왜냐하면 사고 연습으로 얻는 것과 회사에서 주어지는 업무에는 공통점이 굉장히 많기 때문입니다.

경리 일을 하는 사람도, 영업 일을 하는 사람도, 연구하는 사람도 이 연습을 하다 보면 자신의 일과의 관련성이 보일 것입니다. 지금 무엇이 유행하고 있는지, 좋은 커뮤니케이션과 나쁜 커뮤니케이션의 차이는 무엇인지 등등 평소에 연습해 둔 것이 반드시 뭔가의 해결책으로 연결될 것입니다.

사고 연습은 언제 어디서든 가능합니다. 따라서 자투리 시간이 나면 스마트폰을 내려놓고 사고 연습을 꼭 해 보기 바랍니다. 꽤 즐겁습니다.

●

일상의 상상을
현실로
만드는 기쁨

'생각하는 것, 내가 생각한 것을 실제로 행하는 것.'

이 두 가지에 재미와 기쁨을 느낄 수 있었던 유년 시절의 기억이
있습니다. 초등학교 4학년 때였습니다. 어느 날 저는 친구와 함께
반 친구들을 즐겁게 해 주고 싶다는 이야기를 나눴습니다. 친구와
여러 가지 방법을 궁리한 끝에 나무로 수동 오락기를 만들기로 결
심했습니다.

저는 나무에 못을 박으며 오락기를 만들었습니다. 완성된 오락

기의 크기는 70~80센티미터 정도였고, 게임에 사용되는 코인은 유리구슬로 대신했습니다. 점수 제도를 도입해서 경쟁을 붙이면 친구들이 더 적극적으로 참여할 거라고 생각해 판자로 점수판도 만들었습니다.

완성된 오락기를 학교에 가져가는 날에는 정말 가슴이 두근두근거렸습니다. 어쩌면 선생님에게 혼날지도 모른다는 걱정도 했고 반 친구들이 아무도 관심을 보이지 않을까 봐 불안감을 느끼기도 했습니다.

하지만 불안감은 완전한 기우였습니다. 오락기 앞에는 쉬는 시간마다 행렬이 이어졌습니다. 제가 생각한 것 이상으로 친구들이 오락을 즐겼습니다.

무엇보다 기뻤던 것은 담임 선생님이 학부모를 위해 발행하는 학급 신문에 저희의 이야기를 실어 주신 것입니다. 선생님이 쓴 글에는 저희가 스스로 떠올린 아이디어를 실제로 구현해서 반 친구들을 즐겁게 해 주었다는 칭찬과 함께 이렇게 마무리됐습니다.

"이 녀석들 제법이구나!"

선생님의 칭찬을 저는 지금도 가슴에 새기고 있습니다. 재미있는 일을 생각하고, 이를 실행으로 옮겼더니 무척이나 기뻐해 준 사람들이 있었습니다. 제가 하는 일의 시작이 여기에 있습니다.

인생은 한 번뿐입니다. 누구나 이왕이면 나다운 인생을 살고 싶을 것입니다. 나답게 산다는 것은 뭘까 생각해 보면 결국 '나의 생각을 현실로 만드는 삶'이라고 생각합니다. 그렇게 원하는 미래를 만들어 가는 일이죠. 물론 생각을 실행하려고 해도 마음처럼 되지 않을 수도 있습니다. 때론 예상하지 못한 일이 일어나기도 하고요. 그럴 땐 또 한번 생각하면 됩니다. 좌절도 실패도 괜찮습니다. 또 생각하고 다시 행동하면 그만입니다. 그것이 나다운 인생을 만드는 유일한 방법이기 때문입니다.

마지막까지 읽어 주셔서 감사합니다!
이 책을 통해 당신과 만날 수 있어 진심으로 감사합니다.
당신의 인생이 행복으로 가득하기를.

가키우치 다카후미

뒤죽박죽 머릿속이 한 번에 정리되는

기적의 생각 공식

인쇄일 2021년 4월 26일
발행일 2021년 5월 3일

지은이 가키우치 다카후미
옮긴이 김슬기
펴낸이 유경민 노종한
기획마케팅 1팀 우현권 **2팀** 정세림 금슬기 최지원 현나래
기획편집 1팀 이현정 임지연 **2팀** 김형욱 박익비 **라이프팀** 박지혜
책임편집 임지연
디자인 남다희 홍진기
펴낸곳 유노북스
등록번호 제2015-000010호
주소 서울시 마포구 월드컵로20길 5, 4층
전화 02-323-7763 **팩스** 02-323-7764 **이메일** uknowbooks@naver.com

ISBN 979-11-90826-53-2 (03190)